나눔과 섬김의
복지

나눔과 섬김의 복지

|김성철 지음|

한국학술정보(주)

추천의 글

리더십의 3대 기본 요소는 지도자, 추종자, 상황이다. 기독교적 리더십도 이 세 가지 요소를 다 가지고 있다. 그러나 기독교적 리더십은 그 목적부터가 세속적인 기업이나 정치 단체의 리더십과 구별된다. 기독교의 리더십은 그 기초가 성경에서 비롯되어야 하며 인간사회를 넘어서서 예수 그리스도에 의해 평가받아야 한다.

미국 훌러 신학교의 지도자학 교수인 R. Klinton 박사가 기독교적 의미로 정의한 리더십이론에 의하면 지도자란 첫째, 하나님의 능력을 받아 둘째, 영향을 끼치라는 하나님의 사명을 가지고 셋째, 일단의 하나님 백성의 그룹을 넷째, 하나님의 뜻대로 나아가게 하는 사람이라고 정의하였는데 기독교적 지도자는 무엇보다도 하나님 중심적이며 그 중심적 윤리가 하나님의 목적을 이루도록 영향을 미치게 하는데 있다. 하나님의 사람으로서 하나님의 뜻과 주권에 자발적으로 순복하는 자이다. 지도자 자신이나 그가 인도하는 그룹의 유익보다 그 그룹, 혹은 공동체에 향하신 하나님의 목적을 이루도록 지도하는 것이 기독교적 리더의 사명이다.

기독교적 리더는 "하나님이 주신 능력"으로 일하며, "하나님이 주신 책임"을 이루는 일이다. 기독교적 리더십은 일단의 그룹에 대해 지속적인 영향을 미치는 행위이다. 그 그룹은 대개 "하나님의 백성"

인데 지도자가 책임져야 하며 무엇보다도 그 그룹을 향한 하나님의 목적을 분별해야 할 책임이 있다. 기독교적 리더십의 궁극적 목적은 하나님의 뜻을 이루는 데 있다.

기독교적 리더는 세상을 이끌어가야 할 존재이다. 그러므로 세상에 대해서 리더십을 발휘해야 하는 이유는 이웃사랑의 방법으로서 리더십이 요구된다고 보는 것이다. 리더십은 집단적 기능의 하나로 집단 구성원으로 하여금 집단의 목표를 달성하도록 하는 것이란 정의를 적용해 보면 기독교인은 어떤 것이 바른 것이고 세상이 나아갈 바가 무엇인지 목표를 먼저 분명히 알고 있는 사람들이라고 볼 때 세상으로 하여금 그 목표를 향해서 나아가도록 리더십을 발휘해야 된다고 본다. 진정한 리더는 옳은 길을 제시해 주어서 같이 가게 만들 수 있는 자가 아닌가 생각한다면 성경의 예레미야와 요나를 본다면 좁게 교회 안에서만 리더십을 생각하면 안 된다.

리더십 이론에 있어서 베버(Weber)는 리더십을 리더가 권한을 어떻게 획득하고 실행하느냐에 있다고 보고 세 가지로 분류했다.

첫째, 전통적 권한(traditional authority)의 리더인데 전통적인 윤리나 사회관습, 신분을 기초로 하는 권위를 행사하는 리더를 말한다. 원시사회나 근대화가 철저하지 못한 사회에서 나타나는 리더의 유형의 가부장적 색채가 짙다.

둘째는, 카리스마적 권한(charismatic authority)의 리더인데 예언자나 영웅 등 어떤 개인의 탁월한 통솔력이나 인기에 토대를 둔 권위로서 전쟁 영웅이나 종교적 예언자가 그 예이다. 이들은 보통 초인간으로 떠받들어진다.

셋째, 합리적 또는 합법적 권한(rational or legal authority)의 리더로서 집단의 성원들이 정당하다고 인정하는 규칙 또는 법률에 토대를 둔 권위로서 선거를 통해 선출된 현대국가의 대통령, 국회의원 및 법률에 따라 임명된 가급 관료들이 이에 해당한다.

설젠트(Sergent)는 리더의 유형은 리더와 추종자와의 관계성을 기준으로 특징지어지는 것이라고 하여 역사적인 인물은 중심으로 리더십을 카리스마적 리더(charismatic leader), 상징적 리더(symbolic leader), 예우자(head man), 전문가(expert), 행정적 또는 집행적 리더(administrator), 선동가 혹은 개혁가(agitator or reformer), 강압적 리더(coercive leader)로 분류한다.

리더십은 리더가 주어진 환경 속에서 조직구성원들을 통하여 조직의 목표나 목적을 달성하려는 목표 지향적 행동이기 때문에, 리더십의 결과는 리더와 조직구성원 상호간의 영향과정에 달렸다. 이 영향과정에 따라서 조직구성원의 행동은 물론 의도한 성과의 달성 여하가 결정되고, 나아가서는 이로 인한 만족감도 결정된다. 그러므로 영향과정의 형태와 이에 작용하는 요소들은 리더십의 결과와 밀접한 관계를 갖고 있다. 그러나 여러 가지 유형의 리더십 중에서 가장 중요한 리더십은 무엇보다도 섬김과 나눔의 복지적 리더십이 중요하다고 생각한다. 이 복지적 리더십이 바로 봉사 리더십이라고 본다.

봉사리더십은 전통적 리더십스타일의 대안으로 직원들의 개인적 성장을 신장시키는 동시에 조직의 질적인 개선을 시도한 새로운 리더십 이론이다.

봉사리더십에서는 팀워크, 지역공동체, 의사결정에의 참여, 윤리적 행태 등을 강조한다. L. Spears는 이러한 봉사리더십을 인간개발의 새로운 시대에 알맞은 진정한 희망과 방향을 제시하는 것으로 주장하고 있다. 이 리더십은 1970년 R. K. Greenleaf가 『리더로서의 봉사자』(Servant-Leadership)라는 책에서 만들어 낸 개념이다.

Greenleaf는 봉사리더는 무엇보다도 먼저 다른 사람에게 봉사하는 사람을 규정짓고 있다. 리더로서의 봉사자 또는 하인은 먼저 봉사하고자 하는 자연스러운 감정을 가지게 되면 리더가 하고자 하는 운명을 의식적으로 선택하게 된다는 것이다.

봉사리더의 특성은 경청, 감정이입, 영적인 치유, 자각, 설득, 개념화, 통찰력, 봉사정신, 성장의 몰입, 공동체 확립 등 10가지로 주장한다. 이것은 특징 자체가 손쉽게 얻어지는 특징이나 자질이 아니라 리더가 되고자 하는 사람들의 절대적인 노력이 필요하기 때문이다.

그런 의미에서 『나눔과 섬김의 복지』의 출판은 매우 의미 있는 책이라고 볼 수 있다. 아무쪼록 본서가 나눔과 섬김의 사역에 큰 모퉁이 돌이 되길 바란다.

2007년 9월
성산효대학원대학교
총장 최 성 규

격려의 글

2007년 『나눔과 섬김의 복지』 출판의 소중한 결실을 맺게 됨을 진심으로 축하합니다.

본서는 오랜 현장의 생생한 경험과 실천기술을 바탕으로 사회복지 현주소와 우리가 추구해야할 목표와 가치를 지향하고 있습니다.

우리가 지향하는 가장 행복한 삶은 어떤 모습일까요?

몇 해 전 미국 하버드 의대에서 매우 흥미로운 실험 결과가 발표되었습니다. 의대생들을 봉사 활동에 참여시킨 후 체내 면역기능을 측정했더니 크게 증강되었다고 합니다.

또 '마더 테레사'의 전기를 읽게 한 다음 인체 변화를 조사했더니 그것만으로도 생명 능력이 크게 향상되는 것으로 나타났다고 합니다. 연구진은 이렇게 봉사 활동을 하거나 봉사 모습을 보기만 해도 면역 기능이 높아지는 것을 두고 '테레사 효과'라고 이름 붙였다고 합니다. 평생 헐벗고 굶주린 이웃을 돌보다 87세의 나이로 타계한 테레사 수녀가 남기고 간 소중한 가르침이 아닐까 생각해봅니다. 봉사는 남을 위한 일이지만 봉사를 통해 얻는 기쁨은 결국 나를 위한 것입니다.

우리 모두는 편안한 삶을 영위하기를 소망합니다. 이것이 우리의 이상이요, 목적입니다.

현대사회는 빈곤, 실업, 교통, 환경, 보건위생, 이혼, 가족해체, 저출산, 고령화 등 다양한 문제와 욕구, 위험들이 우리를 위협하고 있습니다.

　이러한 제반문제를 국가의 정책과 행정에만 의존할 수 없습니다. 아무리 촘촘한 사회안전망이 구축된다하여도 사각지대는 있기 마련입니다. 우리 국민, 시민의 참여를 통해서 우리 주위에 많은 아픔을 치유해야 합니다. 이렇게 할 때만이 우리가 추구하는 살맛나는 사회, 더불어 함께하는 희망의 공동체를 만들어 나갈 수 있는 것입니다. 실천 없이는 이룰 수 있는 것이 아무것도 없습니다.

　사회복지 현장에서는 시민에게 참여하는 방법을 적극적으로 홍보하고 방향을 제시해야 합니다. 우리 주위에는 이웃사랑 실천의 뜻은 가지고 있으나 참여하는 방법을 모르는 이웃이 많습니다. 소중한 자원이 사장되지 않고 사회의 빛이 될 수 있도록 하는 것, 사회복지인의 막중한 책무입니다.

　이러한 측면에서 본서의 출간은 큰 의미가 있다고 생각합니다.

　현장의 오랜 경험을 바탕으로 습득된 지식과 기술을 토대로 우리가 추구해야 할 공공의 선에 대한 비전과 대안을 제시하고 있습니다.

　본서를 통해 우리에게 진정 가치 있는 삶은 실천하는 삶이요, 행동하는 삶이라는 본보기가 되어 준 김성철 관장께 감사와 축하를 드립니다.

인천광역시사회복지협의회

회장　유　필　우

여는 글

    사람에게는 두 부류의 사람이 있다고 보는데 만나면 편하고 행복하고, 기쁜 사람이 있는데 그런 사람은 산소 같은 사람이라고 본다. 반면에 만나면 부담되고 힘들고 짜증나고 불평을 듣게 되는 사람이 있는데 이는 이산화탄소 같은 사람이다. 산소를 만들어 내는 것은 순수하고 소중하고 영원한 사랑이신 하나님의 사랑이다.

    흔히들 말하듯 사랑은 아름답고 달콤하고 또는 어느 노래 가사처럼 눈물의 씨앗이라고 하기도 하며, 사전적 의미로는 좋아하는 어떤 대상에 대해 소중히 아끼고 정성을 다하며 관심을 갖고 베푸는 일이라고 한다.

    사랑에 대해 많은 학자들이 정의한 것들을 살펴보면, 철학자 플라토(Plato)는 누구를 사랑한다 함은 그 사람 속에 있는 미(美)와 선(善)의 진수를 알아보는 것, 카펠라누스(Andreas Capellanus)는 사랑이란 이성(異性)의 미(美)를 보거나 너무 생각한 나머지 생겨나는 일종의 타고난 고통, 에리히 프롬(Erich Fromm)은 사랑이란 상대방의 생활과 성장에 대한 적극적인 관심입니다. 사랑은 상대방으로부터 표현되거나 표현되지 않은 욕구에 대한 자발적 반응이다.

    프롬은 "인간이란 근본적으로 고독한 존재이며, 그 고독감과 공허감을 극복하기 위하여 사람은 사랑을 하는 것"이라고 주장하고 있다.

    사랑의 크기는 이 세 요소의 상대적 크고 작음에 따라 우정 같은 사랑, 정열적인 사랑, 숭늉처럼 미지근하지만 그런대로 일생을 함께 늙어가며 이루어가는 사랑 등이 생겨난다는 것이다. 그러나 사랑은 사람마다 처한 환경이나 대상에 따라 그 의미와 방법이 모두 다르기 때문에 자기가 사랑이라고 생각하는 것이 곧 사랑인 것이 아닐까 한다.

인생에서 산소 같은 사랑을 보면, 첫째 누구를 사랑하는 것이며, 둘째 당신을 사랑해 주는 누군가가 있다는 것이고, 셋째 이 두 가지가 동시에 이루어지는 것이다.

우리 그리스도인들이 이와 같이 하나님과 이와 같은 사랑을 한다면 그는 진정 산소와 같은 그리스도인이 될 것이라고 본다.

우리는 자기가 과거에 사랑받았던 방식대로 다른 사람을 사랑하기 마련이다. 그런데 각자가 사랑 받은 방식이 때로는 다소 다르기 때문에, 상대방이 사랑이라고 느끼는 행동이 무엇인지를 미처 알지 못하는 때가 많다.

그렇기 때문에 상대방과 같은 행동양식을 가지고 있지 않더라도 상대방이 선호하는 사랑의 양식을 이해하고, 나는 사랑을 전혀 다르게 표현하더라도 상대방이 나타내는 사랑의 행위를 인정하고 수용하는 것, 우리의 삶 속에서 얼마나 사랑을 위해 기도하고 준비하고 실천하는지 자문해 보아야 할 것이다. 사랑은 우리 삶이 중요한 원동력이다. 그래서 그 귀한 사랑이 오염되지 않도록 우리는 끊임없이 느력해야 할 것이다. 그러기 위해서 사랑인 애정(affection)을 그리스도의 사랑을 중심으로 비추어 볼 때 다음의 일곱 가지로 사랑의 실천을 이루어야 할 것이다.

첫째는 사랑은 "care"(돌봄)이다. 누군가를 돌본다거나 누군가로부터 보호를 받는 것은 인간관계에 있어 없어서는 안 될 아주 자연스럽고 인간다운 일이다. 주님이 우리에게 맡겨주신 이웃과 소외된 계층을 주님이 사랑한 것과 끊임없이 돌봄의 실천을 해야 한다.

둘째는 사랑은 "giving"(나눔과 섬김)이다. 과거에 주었다거나 미래에 줄 것이 아닌 현재 계속하여 주고 있어야 진정한 사랑이다.

셋째는 사랑은 "knowledge"(지식)이다. 돌보고 끊임없이 주는 일이 중요하나 이보다 어쩌면 그 대상(client)을 아는 일이 우선 되어야 한다.

넷째, 사랑은 "making"(만드는 것)이다. 끊임없이 함께 만들어 가는 것이 사랑이다. 자신과의 싸움을 통해 더 높고, 더 넓고, 더 깊은 차원의 사랑을 계속해서 만들어 가는 자가 사랑을 유지할 수 있고, 만드는 것은 계속 이루어져야 할 것이다. 사랑은 창조적 소수로서 새벽을 만드는 사람으로서 우리의 존재의 가치를 소중하게 보며 내 안에 있는 소중한 정체성을 가지고 나아가야 할 것이다.

다섯째, 사랑은 "respect"(존경)이다. 겉과 속이 같은 것이 진정한 사랑이라 한다면, 필요도에 따라 변하지 않는 존경심을 품는 자세가 있어야 한다.

여섯째, 사랑은 "responsibility"(책임감)이다. 진정한 사랑은 진정으로 책임질 수 있어야 한다. 더구나 오늘 지금 책임을 져야 한다. 우리에게는 과거가 없고 내일이 없으며 오늘만큼만 살아갈 뿐이다.

일곱 번째, 사랑은 "understanding"이다. 한 번 이해하고 마는 것이 아니라 이해는 계속적인 연결선상에 있어야한다. 더구나 내 입장에서가 아니라 클라이언트의 위치에서 이해되어야 한다.

가장 강한 힘은 섬기는 모습 속에 나오며 섬김을 통해 영원한 이김이 있다. 루터는 서로 사랑하고 섬기는 사람만이 자기의 주체성을 확립한 사람이라고 한다. 이러한 나눔과 섬김으로서 복지의 영역을 새로운 비전과 사랑으로 나아가야 할 것이다.

본서는 복지를 '나눔과 섬김의 복지'로 보면서 본서를 위하여 수고하여 주신 여러분들에게 감사의 마음을 전합니다.

2007년 9월
인천 성산동산에서
김 성 철

목 차

추천의 글 • 5

격려의 글 • 9

여는 글   • 11

봄을 사랑합시다 ……………………………………15

역사 속의 인생 ………………………………21

하나밖에 없는 지구 …………………………28

악에서 구하옵소서 …………………………35

아름다운 윤리 ………………………………43

세상의 빛 ……………………………………48

마침표 없는 사랑 ……………………………54

하나님을 만나는 길 …………………………59

애통하는 자 …………………………………68

기쁨의 삶 ……………………………………75

온전한 삶 ……………………………………83

예수 안에 있는 자 …………………………90

승리하는 삶 …………………………………100

내일을 위한 삶 ………………………………107

의로운 사람 …………………………………117

하나님의 것은 하나님께 ……………………124

진실한 언어 …………………………………133

소망의 삶 ……………………………………140

가장 좋은 길 …………………………………147

나는 주를 따르겠나이다 ……………………155

산소 같은 사람 ………………………………163

봄을 사랑합시다

새로운 봄의 계절이 되었습니다. 봄을 여러 가지의 함축적인 말로 표현할 수 있겠지만, 아름다운 꿈과 같이 부드럽고, 아름다운 마음이 새겨질 줄로 압니다. 봄이 되었는데도 불구하고 마음이 얼어붙어 있고 마음속에 아름다운 꿈이 펼쳐지지 않는다면 굉장히 슬픈 사람이라고 볼 수 있습니다. 제가 고등학교 3학년 때 정말 소중히 여기던 책이 한 권 있었는데 빨간 줄로 긋고, 형광펜으로 밑줄 치면서 읽었던 책이었습니다. 그 책은 노만 필 목사님이 쓴 『적극적인 사고방식』이었는데, 제 마음에 많은 감동을 주었습니다. 왜냐하면 그때는 고민이 많았습니다. 인생이 무엇인지 고민도 하고, 어떻게 살 것인가를 고민하던 그때에 그분이 여러 가지 방법을 충고해 주시면서 내 마음속에 10년 후에, 아니 20년 후에 자기의 인생의 미래에 대해 자화상을 그려보라는 말씀이 저에게 와 닿았습니다. 그 마음을 생각하면서 하루를 지내고, 일 년을 지내고, 오늘에 이르기까지 열심히 자화상을 그리며 살게 되었습니다. 그 꿈이 하나씩 이루어지는 것을 보면서 하나님의 살아계심과 마음속의 꿈이 소중하다는 것을 생각하게 되었습니다. 미국에서 70년대에 큰 병이 번졌는데 '이름 모를 병'이라는 병이었습니다. 많은 사람이 자살을 하고 가출을 하고 엄청난 문제의 회오리바람이 치고 있는데, 그 병의 이름을 알 수가 없었습니다. 왜 많은 사람들이 죽고, 자살하고, 특히 많은 여성들이 죽기 시작하는지 학자들이 연구하기 시작했습니다. 그 원인은 다른 게 아니라 마음속의 꿈이 없는 사람이 죽어가고 있다는 것이었습니다. 자아를 실현시키지 않고 꿈이 없이 무위도식하며 의미 없이 먹고 자고 의미 없이 살아가는 사람들이 병이 들었습니다. 그때 많은 사람들이 그것을 해결하기 위해 일으켰던 운동이 취미활동, 여성운동이었습니다.

우리나라에도 종로2가에 YMCA, YWCA 등 청소년 단체가 생겨서 우리들 마음속에 인간답게 살고 있는 꿈을 가지고, 많은 레크리에이션과 취미활동을 만들고, 우리의 스트레스를 새로운 곳으로 뚫기 위한 방안으로 많은 프로그램들이 개설되면서 그 병이 서서히 나아가기 시작했습니다. 봄이 되었을 때 우리 마음속에 분명한 목적의식과 목표가 없으면 좌절과 방황을 하게 됩니다. 이 봄이 됐을 때 성경말씀 중에 생각나는 것은 "들의 백합화를 보라, 공중의 새를 보라"는 주님의 말씀입니다. 공중에 날아가는 새를 보면서, 새가 소곤거리며 노래를 하며 가는 소리가 여러분의 마음속에 어떻게 들립니까?

그 새를 보면서 하나님의 오묘하신 솜씨와, 전지전능하신 무한한 능력을 볼 수 있어야 합니다. 풀 한 포기, 꽃 한 송이가 피는 것을 보면서 하나님이 우리에게 하시고자 하시는 주님의 음성을 들을 수 있어야 합니다.

하나님은 봄과 함께 땅속에서 꿈틀거리면서 생명이 솟아 나오듯이 우리에게 말씀하고 계십니다. 이 봄기운과 함께 하나님은 성령의 뜨거운 힘으로 하나씩 우리의 마음을 부수고 있고, 우리의 마음을 두드리고 계십니다.

그 음성과 그분의 손길을 느끼지 못할 때 우리는 공허하게 지내고, 그리스도를 믿고 따른다는 것이 굉장히 슬퍼집니다. 아무리 힘들고 고난이 있더라도 주일날 예배당에 들어와서 하나님의 음성을 듣고, 주님의 십자가를 바라보면서 새로운 힘이 용솟음침을 느껴야 합니다. 마음이 뜨거워져야 되고, 봄기운과 함께 우리 마음속에 씨를 뿌리고 하나의 새싹이 돋아나야 됩니다.

들에 피어 있는 백합화를 보면서, 공중의 새를 보면서 주님은 그들이 심지도 않고 거두지도 않지만 주님이 필요한 만큼 먹이고 입히며 지켜주신다고 말씀하셨습니다. 그러면서 주님은 "너희는 무엇을 먹을까, 마실까, 무엇을 입을까 걱정하지 말고 주님께 모든 것을 의지하라"고 하십니다. 봄을 사랑하면서 그 음성을 듣지 못하고, 하나님의 오묘함을 깨닫지 못하는 것은 여러 가지 이유가 있지만 우리의 마음이 순수하지 않기 때문입니다.

주님께서는 마음이 청결한 자는 하나님을 볼 것이라고 말씀하십니다. 우리의 마음이 여러 가지 많은 것으로 복잡할 때, 보아야 할 것을 보지 못하고 들어야 할 것을 듣지 못하고 헛된 것에 마음을 빼앗길 때가 많이 있습니다.

이제 우리는 하나님의 마음을 읽을 수 있고, 하나님의 음성을 들을 수 있도록 우리의 마음을 깨끗하고 순수하게 하고 마음을 비워야 합니다.

우리의 마음속에 무엇이 있습니까? 우리들 마음속에서는 어떤 소리가 들립니까? 하나님의 음성이 여러분의 마음속에 들리는지 조용히 생각해 보아야 합니다. 우리의 마음속에서 그리고 자연의 아름다움 속에서 하나님의 살아계심과 하나님의 인도하심이 들리는지 생각해 보아야 합니다.

또한 봄을 생각하며 잊지 말아야 할 것은, 봄은 하나의 생명이라는 것입니다. 아무리 역사가 바뀌고 흔들린다 해도 계절의 변화 속에서 겨울의 죽음과 같이 꽁꽁 얼었던 땅이 녹으면서 그 속에서 새싹이 나고 생명이 잉태되는 모습을 보면서 하나님은 반드시 역사 속에서 우리의 마음속에 살아계심을 볼 수가 있습니다. 생명은 그 누구도 탄생하게 할 수가 없습니다. 오직 전지전능하신 하나님만이 생명을 주관하고 계십니다.

우리는 지금 살아 있음에 대해 어떻게 생각하십니까? 주님 앞에 예배를 드린다는 경이로운 사실에 전율을 느끼면서 새로운 삶과 생명에 대한 존엄성을 느끼고 감사하는 마음을 가져야 할 줄 알아야 합니다. 막연하게 사는 게 아니라 지금 살아 있음에 대해 감사하고 소중하게 생각해야 합니다.

하나님께서 봄을 우리에게 선물로 주셨습니다. 봄이라는 것은 계절의 흐름에서 여름을 준비하는 오픈게임이 아니라 본게임이 시작되는 것입니다. 이제 봄과 함께 마음속에 새로운 첫발을 디디는 삶이 되어야겠습니다.

우리의 인생 유형을 두 가지로 보면, 인생을 피해 가는 소극적인 삶을 사는 사람이 있고 모든 면에 적극적이고 긍정적이고 밝게 살아가는 사람이 있습니다.

봄을 맞이하면서도 막연하게 '이제 봄이구나'라고 생각하는 소극적인 사람도 있지만, 봄이 왔음에 대해 두 주먹을 쥐고 마음에 큰 결단을 가지고 봄과 함께 무엇인가를 이루겠다는 각오로 힘차게 살아가는 사람이 되어야겠습니다.

가정에서, 사회에서, 학교에서, 이 세상에서 우리에게 원하는 것은 최선을 다하는 삶입니다.

최선을 다하지 않는 정치인이 있을 때 그 나라는 비전(Vision)이 없고 최선을 다하지 않는 학생들이 있을 때 그 국가의 미래는 그리 밝지 못할 것입니다.

최선을 다하는 직장인이 있을 때 그 회사는 발전하게 됩니다. 최선이라는 것은 대단한 것이 아니라 바로 지금 여기서(Here and Now) 조금 더 하고 끝까지 참고 앞으로 나아가는 것입니다.

존 에프 케네디의 일대기를 보면서 우리의 마음에 와 닿는 대목이 있습니다.

그가 해군으로 있을 때 한 장관이 그의 삶에 대해 질문하다가 학교

성적에 대해서 물으며 마지막으로 그 점수를 받은 것이 정말 최선을 다한 것이었냐고 묻습니다. 그때 그 말이 케네디에게 큰 충격이 되었고 마음에서 떠나질 않았습니다. 그 후 그는 밤마다 잠자리에 들기 전에 내가 오늘 최선을 다했는가를 자문하며 하루하루를 지냈다고 합니다.

마침내 그는 대통령의 자리에 오르기까지 최선을 다했고 그는 온전한 삶을 이루었습니다.

우리가 알다시피 사람들은 자신의 능력을 3%밖에 사용하지 않습니다. 최선을 다하지 않고 적당히 '여기까지만 하자', '이만큼만 살자'는 것이 오늘날의 한국을, 기독교를 이만큼 병들게 만들었습니다. 우리의 삶이 나약한 이유가 있다면 하나님이 주신 시간과 재능을 사용하는 데 최선을 다하지 않았고, 남용하고 게을렀기 때문에 이 나라와 민족이 이렇게 병들었습니다.

이제 봄이 되었습니다. 어제의 잘못된 것을 벗어버리고 봄과 함께 우리의 마음에 새로운 결단과 각오가 있어야 하겠습니다.

봄은 또한 부드러움입니다. 사람이 부드러워지기 위해서는 계속 배워야 합니다. 자꾸 옛날의 일들만을 이야기하는 사람은 아직도 과거에 살고 있는 사람입니다.

과거만을 생각하고 회상하는 사람은 잘 살 수가 없습니다. 성숙한 사람은 과거보다는 현재와 미래를 위해 사는 삶이라고 생각합니다.

배움이라는 것은 사람을 겸손하게 만듭니다. 교만한 사람은 배우질 않습니다. 학생들이 부드러운 것은, 배우고 있기 때문입니다. 기성세대가 딱딱한 것은 배움을 중지하거나 포기했기 때문입니다.

우리 그리스도인들은 하나님의 나라에 들어가는 그날까지 말씀을 배우고 사회 속에서, 사람과의 관계 속에서 계속 겸손하게 배우기 때문에 날마다 부드러운 봄처럼 살 수 있습니다.

겨울에 땅은 딱딱하게 굳어지고 아무것도 받아들이지 않으려고 하지만 마음의 밭이 봄으로 있을 때는 늘 씨앗을 심고, 거두고 언제나 새롭게 발전할 수 있습니다. 그러나 여름과 가을이 지나 겨울이 되면 마음의 밭에 아무것도 심을 수가 없습니다. 겨울과 같이 딱딱한 사람을 녹이려면 많은 시간이 걸립니다.

바라건대 봄의 마음을 그대로 간직하면서 생명과 함께 겸손한 마음과 온유한 마음으로 미래를 향하고 현재에 충실한 삶이 되어야 할 줄로 압니다. 더 나아가서 봄은 조용한 삶을 원하고 있습니다. 하나님의 음성과 새소리와 아름다운 말씀의 향기를 듣기 위해서는 침묵해야 합니다. 오늘날 사람들은 너무 분주합니다. 일주일 중에 하루는 TV 안 보는 운동을 전개해야 할 것입니다.

우리는 날마다 TV 속에 매여 살고 있습니다. 하루만이라도 TV를 단절시키고, 자기만의 대화나 책과 함께 자신을 성찰하는 시간이 필요합니다.

여러분의 얼굴이 어떻게 변하고 있는지 아십니까?

자기 얼굴이 어떻게 변하는지 모르고 살아가는 사람이 있습니다. 자기 마음의 밭이 어떻게 움직이는지 모르고 그냥 살아가는 사람은 진정한 크리스천이라고 볼 수 없습니다. 여러분이 지금 아름답게 변화하기 위해서는 여러분의 모습을 성찰하는 시간이 있어야 하겠습니다. 마지막으로 당부하고 싶은 것은 부지런한 삶입니다. 우리가 24시간이라는 짧은 시간 안에 잘 거 다 자고 먹고 싶은 거 다 먹고 TV 볼 거 다 보고 산다면 하나님이 우리에게 맡겨 주신 일들을 언제 실현시키고 우리의 꿈을 언제 펼치겠습니까?

봄과 함께 시간을 줄이고 먹는 시간을 줄이고 쓸데없는 잡담시간을 줄여서 정말 하나님이 기뻐하는, 그리고 후회되지 않는 삶으로 매진하는 모습이 되어야겠습니다.

곧이어 여름이 오고, 가을 추수 때가 되었을 때 한 해를 결산해야 할 것이고 또 겨울을 맞이하게 됩니다. 봄은 나태해지기 쉽고, 방황하기 쉽고, 좌절하기 쉬운 때이지만 마음을 가다듬고 내게 능력을 주신 주님 안에서 봄을 사랑하는 우리 모두가 되길 바랍니다.

역사 속의 인생

우리는 스데반의 순교 직전의 장엄한 설교를 잘 알고 있습니다. 스데반이 죽어가면서 마지막 증거했던 것은 오직 예수 그리스도 한 분이셨습니다. 그 위대함 앞에 우리는 여러 가지로 생각할 점이 많지만 스데반이 이야기하는 핵심은 '하나님의 약속과 하나님의 사랑입니다.' 하나님의 역사가 일어남에도 불구하고 이스라엘 백성이 하나님을 믿고 따르지 않고 반항하고 하나님을 멀리하고 하나님께 불순종한 것에 대해 말씀하십니다. 이스라엘 백성은 10년도 아니고 100년도 아닌 430여 년 동안이나 애굽의 노예로 있게 됩니다. 자신을 낳아 준 부모가 노예이기에 태어나면서부터 노예의 신분으로 살기 시작하여 부모가 했던 것처럼 일하고 순종하고 먹기 위해 살기 위해 노예처럼 생활합니다. 그리고 그 자손이 태어났는데 그 자손도 역시 노예입니다. 그쯤 되면 자기가 누구인가에 대해 알지 못합니다. 자기가 하나님의 백성이요, 하나님이 선택한 사랑이요, 하나님이 자기를 사랑하고 있다는 엄청난 사실 앞에서도 아무런 감정도 없이 무려 400여 년 동안이나 노예로 살고 있습니다. 하나님이 그 백성을 보니 너무 마음이 아팠습니다. 분명히 이 사람들이 섬기지 않고 우상을 섬기고 하나님을 믿는 의식이 희미해지기 시작합니다. 그들이 하나님을 믿는 사람인지 아니면 하나님을 모르는 사람인지 알 수 없을 정도이니 하나님의 마음이 얼마나 아프셨겠습니까. 이스라엘 사람들이 이스라엘인답게 살지 못하고 구원받은 백성이 구원받은 백성답게 살지 못하는 안타까운 현실을 보면서 하나님은 엄청난 계획을 세웁니다.

그 계획은 오늘 한 생명을 탄생하게 하는 작업입니다. 그 사람이 모세입니다.

하나님의 역사와 같이 폭풍을 몰고 오면 변화를 일으키는 역사는 거의 없습니다. 물론 결정적인 순간에 하나님은 천재지변을 일으키고 천지개벽을 통해서 하나님의 일을 이루려 하십니다. 그러나 하나님의 역사는 우리가 알고 있는 크리스마스의 사건과 동일합니다.

하나님이 천군천사를 이끌고 칼을 휘두르며 내려오시는 게 아니라 크리스마스 사건을 세우셨습니다. 크리스마스는 곧 예수의 탄생입니다. 한 구유에 놓여 있는 예수님의 모습, 크리스마스의 일은 엄청난 사건이었지만 세상은 고요했습니다. 한 생명이 탄생했고 그 생명이 30년간 조용히 역사를 일으키기 시작합니다. 겨자씨와 같이 조그만 사건이 벌어졌고, 그 사건은 아무것도 아닌 것 같지만 작은 사건이 점점 커져서 아주 큰 나무를 만드는 것이 바로 하나님의 사건입니다.

이스라엘 백성이 400여 년 동안이나 노예생활을 하는 모습을 보고 견디다 못해 하나님이 모세를 탄생시키셨습니다. 모세가 탄생하니 하나님을 믿지 않는 사람들이 하나님을 믿는 사람들을 핍박하는 혹독한 사태가 되면서 모세의 또래가 되는 남자아이들을 죽이기 시작합니다. 피비린내가 나고 온 천지에 이스라엘 백성이 뒤집히기 시작합니다. 그래서 모세는 3개월간 숨겨져서 자랍니다. 그리고 하나님의 역사 속에 이스라엘 민족을 핍박하는 애굽의 왕정으로 들어가 그 당시에 갖추어야 할 많은 것들과 지식을 40여 년 동안 배우게 되었습니다. 이스라엘 백성들을 바라보면서 그들을 구원해야 하고, 그들을 해방시켜 주어야 하고, 이스라엘 민족이 다시 하나님의 나라를 재건해야 한다는 사실 앞에 뜨거운 피가 끓기 시작했습니다. 그리고 급기야는 모세가 칼을 뽑아서 하나님의 역사가 시작되게 합니다. 한 애굽 사람을 죽이고 스스로 지도자가 되고자 했을 때 하나님은 그를 용서하지 않고 먼 광야로 내보내게 됩니다. 우리가 스스로, 내가 지도자나 왕이 되겠다고 나서는 것은 성서적이지 못합니다. 우리의 삶은 1998년이라는 흐름 속에 있는 것이 아니라 역사 속에 있는 것입니다.

역사 속의 그리스도인들은 우리가 가야 할 길과 해야 할 일 그리고 바라보아야 할 일을 응시해야 합니다. 모세가 자기 스스로 지도자가 되려고 할 때 하나님은 그를 용납하지 않고 광야로 40여 년 동안 내보내게 됩니다. 그는 40년 동안 광야에서 양을 치면서 혼자 자기와 깊은 대화를 하고, 별을 세면서 깊은 겸손과 온유함을 배우게 됩니다. 성경이 이야기하기를 모세처럼 온유하고 겸손한 사람은 찾아볼 수 없다는 말씀이 있습니다. 모세가 40년 동안 광야에서 지내면서 배웠던 것은 온유하고 겸손하고, 듣는 마음입니다.

자기의 이스라엘 백성을 생각하게 되고 이 나라를 구원해야 할 것을 생각하는 깊은 마음을 간직하게 됩니다. 모세가 이렇게 40년 동안 준비한 다음에 하나님의 오묘한 섭리 가운데 하나님의 음성을 듣게 됩니다. 자기가 교만할 때는 아무 소리도 들리지 않았습니다. 자기가 무엇인가를 하려고 할 때 아무것도 할 수 없음을 깨닫게 됩니다. 여러분이 혹시라도 내 힘으로 무엇을 해 보겠다는 결심을 하고 계획을 세웠을 때는 작심삼일로 넘어지고 맙니다. 우리의 결단과 마음은 마치 갈대와 같이 약해서 그 일을 이루기가 힘듭니다.

자기가 무언가 가졌다고 생각하거나 배웠다고 생각하고 자기가 최고라고 생각하는 순간부터 귀가 막히게 되고 마음이 막히게 되고 갈 길을 잃게 됩니다. 하나님은 그를 원치 않았습니다. 한 사람을 키우는 데 40년이 걸리고 또 40년이 걸려서 80년을 키우시고 난 후에야 하나님이 말씀하신 대로 부르십니다.

하나님이 그에게 '너는 가서 내 백성을 구하라'고 말씀하십니다.

여러분은 불과 몇십 년을 살아오면서도 '내가 왜 이렇게 살까, 나의 환경은 왜 이럴까, 내가 가야 할 길은 어떤 것일까'라고 고민하고 번민했던 경험이 있었을 줄 압니다. 그러나 모세를 기르시고 모세를 통해 역사하신 하나님이 지금도 우리 개인 한 명 한 명을 지도하고 있다는 것을 잊지 말아야 합니다. 다시 말하자면 학식과 함께 그가 히브리어를 할 수 있었고, 하나님의 역사 속에서 그가 하는 일들이 사도 바울이 바울 되게 했던 그 태생이었던 것입니다. 사도 바울이 그곳이 아닌 다른 곳에서 태어났더라면 이방인의 사도로 하나님의 일을 온전히 할 수 없었을 것입니다. 아울러 하나님이 모세를 키우신 가장 큰 이유 중의 하나는 모세를 통해서 이스라엘 백성을 구원시키고 이스라엘 백성을 하나님의 품으로 인도하시는 데 있어서 하나님이 역사하셨다는 것을 잊지 말아야 하는 것입니다. 우리가 배워야 할 점이 몇 가지 있는데, 첫째는 하나님이 허락하신 시간입니다. 하나님이 원하시는 그 시간에 우리가 서야 한다는 뜻입니다. 하나님이 모세를 불렀을 때 모세는 "나는 말할 수 없습니다. 나는 입이 둔하고 하나님의 말씀을 전할 만큼 유식하지 않고 유창하게 말을 하지도 못합니다."라고 변명을 합니다. 하나님은 진노하시면서 너를 지으신 사람이 누구이고 너를 만드신 목적이 무엇이냐고 말씀하십니다. 하나님의 역사 속에서 우리가 해야 할 많은 일들 중에 하나는 하나님이 원하시는 가운데에 서는 것입니다. 하나님께서는 항상 부르고 계십니다. 학교에서도 부르시고, 가정에서도 부르십니다. 하나님의 역사가 많이 있음에도 불구하고 우리는 변명할 때가 많습니다. '하나님 저는 할 수가 없습니다. 하나님 저는 설 수가 없습니다. 하나님 저는 그 길을 갈 수 없습니다.'라고 방황하고 좌절하고 번민할 때마다 우리는 모세를 바라보면서 귀한 진리를 깨달아야 합니다. 하나님이 우리를 어떤 식으로 키우셨든지, 우리에게 맡겨 주신 역사 속에서 해야 할 사명과 위치와 목적이 있습니다. 하나님은 먼 우주공간의 진공 속에서 부르는 게 아니라 1998년 대한민국이라는 이 시점에서 부르고 계십니다. 역사 속에서 하나님의 부르심에 바르게 응답해야 합니다. 하나님의 역사를 위해서, 나라와 민족을 위해서 그리고 그리스도인들을 위해서, 또 인류를 위해서 무언가를 해야겠다는 깊은 마음을 가지고 이 시간부터 준비해야 합니다. 어느 날 갑자기 모세가 태어난 것이 아니고, 또한 바울이 나온 것이 아닙니다. 하나님이 원하시고 인도하시는 대로 하나님이 모세를 부르시고 바울을 부르시고 그 뜻을 받아들였던 것입니다. 모세를 거역할 때 많은 사람들이 죽었습니다. 우리는 모세를 바라보면서 모세의 뒤에서 모세와 함께하시는 하나님을 보아야 합니다. 사랑이라는 것은 절대적인 것을 요구합니다. 하나님이 원하시는 사랑은 애굽 민족을 섬기고 이스라엘 백성들이 함께 살아가는 것이 아니라 순전한 사랑을 원하시는 것입니다. 하나님은 하나님만을 섬기기를 원합니다. 그런데 이스라엘 사람들이 하나님을 섬기다가 지치고 힘이 드니까 애굽을 생각하면서, 그때 고기를 먹던 때를 생각하면서 다시 노예의 시절로 돌아가기를 원하고 있습니다. 이때 하나님은 그들에게 더울 때는 구름기둥으로 가려 주었고 추우면 불기둥으로 인도하셨고, 고기를 먹게 하시면서 하나님의 방식대로 하나님의 일을 계속적으로 이루어 나가셨습니다. 세상 속에 사는 우리들, 그리스도인들의 오늘의 삶은 세상과 너무나 많이 타협하고 있습니다. 세상에 너무 깊이 빠져 있기 때문에 그리스도인지 아닌지 구별할 수 없을 정도로 많이 혼탁해져 있습니다. 이 역사 속에서 모세와 같이 사도 바울과 같이 하나님만을 섬기는 순종의 지도자를 지금도 기다리고 계십니다. 우리의 모습은 어디에 와 있습니까? 우리가 지금 역사 속의 하나님 앞에 서 있을 때, 가시덤불의 나무 속에서 우리를 부르실 때 무슨 말을 하겠습니까? 하나님이 우리를 불러서 백성을 구원하고 민족을 위해 살라고 하는 엄청난 사명을 주실 때 어떤 말씀으로 하나님께 대답할 수 있습니까?

우리가 배워야 할 것은 두 가지입니다. 첫째, 모세께 순종하는 것이 하나님께 순종하는 것입니다. 하나님은 모세를 보내시고 마지막으로 예수 그리스도를 보내셨습니다. 예수님을 믿는 것은 곧 하나님을 믿는 것입니다. 많은 사람들이 예수님을 따르면서 이렇게 말합니다. "주여 하나님을 보여 주십시오." 이때 예수님은 제자들에게 이렇게 말합니다. "나를 본 사람은 하나님을 보았거늘 어찌 또 아버지를 보여 달라고 하느냐" 예수님을 믿으면서 곧 하나님을 믿어야 합니다. 성경을 보면서 하나님을 믿어야 하고, 교회를 다니면서 하나님을 믿고 따라야 합니다. 예수님께 순종하는 것은 하나님께 순종하는 것이요, 성경에 순종하는 것은 하나님께 순종하고 하나님께 나아가는 것입니다. 교회의 법칙에 순종하면서 교회에 다니는 궁극적인 이유는 보이지 아니하는 하나님, 그러나 우리의 예배를 받으시는 하나님이 오늘도 성경말씀을 통해서 우리에게 말씀하고 계십니다. 모세가 하나님을 증거할 때 많은 사람들이 비웃고 하나님을 멸시하고 모세를 멸시하였습니다. 그리고 모세를 향한 하나님의 뜻을 믿지 않을 때 하나님은 불뱀을 보내어 그들을 벌하십니다. 마침내 많은 사람들이 불뱀을 통해서 죽어 갑니다. 그때 하나님은 모세에게 놋뱀을 만들어 높이 들라고 합니다. 그리고 그 놋뱀을 바라보는 자들은 살리라고 하십니다.

세상이 예수님을 믿는 사람을 비웃고 교회를 향해 비방할 때도, 높이 달려 있는 십자가의 예수 그리스도를 바라보는 자는 구원을 얻으리라는 요한복음 3장 16절의 말씀을 믿고 따르는 자는 구원을 얻을 것이요, 그렇지 않고 하나님을 믿지 않고 하나님을 떠나고 불순종하는 사람들은 하나님의 자식이 아닌 사탄의 자식이 될 수밖에 없는 것입니다. 오늘날 베스트셀러 중의 하나가 『최후의 유혹』이라는 책입니다. 그 책의 내용을 보면 사탄은 많은 대중문화를 통해서 우리를 엄습하고 우리의 사상과 의식과 사고방식에 하나님이 계셔야 할 그 자리에 하나님이 아닌 세상이, 세상의 매스컴이, 세상의 모략이 세상의 즐거움이 차지했다는 것이 가장 커다란 유혹이라고 합니다. 우리의 가장 중요한 그것, 여러분이 예수 그리스도를 믿기에 자꾸 방해하는 그것이 하나님 앞에서의 큰 죄악이요, 적이라는 사실을 잊지 말아야 합니다.

모세가 하나님 앞에 섰을 때 하나님은 이렇게 말씀하십니다. "네 발의 신을 벗으라" 신을 벗으라는 것은 중요한 의미가 있습니다. 기회가 있으면 한번 가보면 좋은 곳이 이태원 뒤에 있는 회교도들의 사원입니다. 그곳에 가보면 앉을 수 있는 의자는 전혀 찾아볼 수가 없고 들어가는 순간부터 신발을 벗게 되어 있습니다. 커다란 홀에 아무것도 없고 맨발로 들어가서 무릎을 꿇고 엎드려 절하는 것이 처음 들어가서의 관례입니다. 옛날에는 어른들을 만날 때, 반드시 신발을 벗고 들어가서 인사하는 것이 상례였습니다. 하나님 앞에서 신발을 벗으라고 하는 것은 여러분의 과거를 잊으라는 것입니다. 어제까지의 과거, 지금까지 살아왔던 모든 것들을 버리고 이 시간 하나님 앞에 신발을 벗고 무릎을 꿇으라는 뜻입니다.

모세는 80년 동안 많은 경험을 했습니다. 공부도 할 만큼 하였고 많은 경험과 경륜을 쌓아 80세가 된 노인으로서 지도자가 될 만한 인물이 되었습니다. 그러나 하나님은 모세에게 네 신발을 벗으라고 말씀하십니다. 그 말은 자기의 뜻과 자기의 생각과 사고와 의식을 버리고 이제 하나님이 시키는 대로 하라는 뜻을 담고 있습니다.

하나님이 시키시는 것, 하나님이 말씀하시는 것, 하나님이 원하시는 그대로 행하는 그 사고, 이것이 오늘 우리에게 주신 귀한 말씀입니다. 그 주신 말씀이 '내가 너와 함께 하리라'입니다.

하나님께서는 우리를 세상에 보내시고 역사 속에 밀어 넣은 후 홀로 두시는 것이 아닙니다. 세상이 끝 날까지 영원토록 함께하시는 그 하나님의 역사 속에서 승리하는 삶이 되시길 바랍니다.

하나밖에 없는 지구

 이 지구에는 여러 가지 문제들이 많이 일어나지만 비참한 일들이 참으로 많이 일어나고 있습니다. 어떤 아프리카 나라에서는 뇌가 없는 아이와 기형아가 태어나기도 하고 또한 얼마 전에 영등포에서 있었던 일인데, 공업단지 내에서 아이가 자라다 보니 여러 가지 병이 걸려서 그 병의 원인을 추적해 보니까 어머니의 모유 속에 암을 발생시키는 납이 들어 있었답니다. 오염된 물을 먹어서도 그렇고 환경으로 인해서 많은 사람들이 죽어가고 있고, 제대로 참된 인간으로서 살아가는 본래의 모습을 잃어 가는 경우를 많이 보게 됩니다.

 하나밖에 없는 이 지구를 마음속으로는 다 지켜야겠다고 생각하고 소중하다고 생각하고, 지구는 바로 우리의 몸과 같고 우리의 옷과 같다고 여깁니다. 우리의 호흡의 동반자로서 이 지구는 우리 가운데 존재하고 있습니다. 하나님은 우리에게 창조물 중에, 우주만물 속에서도, 특히 우리가 거하고 우리가 발을 디디고 사는 지구를 우리에게 주셨습니다. 그런데 하나님이 지으신 이 소중한 지구를 우리가 얼마만큼 지키고 있고 얼마만큼 가꾸고 있고 얼마만큼 관리하고 있느냐가 우리의 중요한 관심사라고 생각됩니다. 특별히 하나님은 만물을 다 지으신 다음에 참 보시기에 좋았다고 말씀을 하셨고, 에덴 동산을 한번 머릿속으로 상상해 보면 꿈과 같고 파라다이스, 곧 낙원과 같은 아름다운 삶을 그대로 느낄 수가 있습니다. 아담과 하와가 함께 그 거리를 걸어갔고 지나가다가 나무에 나는 열매들을 따서 먹고, 평안하고 온도도 적정했고 온 우주 자연과 사람이 함께 호흡하는 글자 그대로의 에덴동산이었습니다. 그런데 그 땅이 엉겅퀴가 나고 갈라지고 홍수가 나고 지진이 나고 엉망으로 망가지고 말았습니다. 그 이유는 바로 우리의 욕심 때문이었습니다. 하나님이 먹지 말라고 했던 선악과를 먹고 그것으로 인한 불순종으로 말미암아 우리는 죄를 짓게 됐습니다. 하나님처럼 되고자 하는 그 마음, 하나님처럼 되어서 자기도 무언가 누리고 무언가 되고자 하는 그 마음 때문에, 하나님께서 주신 인간의 낙원도 함께 망하고 말았습니다. 자연과 자연이 함께 불협화음을 일으키고, 특히 조화를 이루며 살아야 할 사람과 자연이 부조화를 일으키고 더 나아가서는 사람과 사람의 부조화가 불협화음을 만들었습니다. 그 옛날, 에덴동산에서 지냈던 아담과 하와는 싸우고 다투는 일이 전혀 없었습니다. 그러나 죄로 말미암아 서로의 이기심과 자기중심적으로 생각하는 그 마음 때문에 서로 싸우고 다툼과 미움이 생기게 됐습니다.

하나님은 우리에게 하나님의 형상을 주셨습니다. 성경에는 이것을 'image'라고 합니다. 그러나 우리가 간직해야 할 고귀한 하나님의 형상이 우리의 마음속에서 일그러지고 망가지고 퇴색되어 없어지고 말았습니다. 그러한 가운데서 우리는 자연을 훼손시키고 자연과 함께 호흡하지 못하게 됐습니다.

특별히 우리에게 가장 소중한 것 중의 하나가 공기라고 생각합니다. 배로 공기를 들이쉴 때 어떤 느낌이 듭니까. 이것은 자연스럽게 하는 것이라 생각되지만, 우리는 단 5분도 이 공기가 없으면 죽고 맙니다. 물이 없으면 사람들은 40일까지는 참을 수 있지만, 공기는, 단 5분도 숨을 안 쉬면 우리는 그냥 저 하늘나라로 갈 수밖에 없습니다.

그런데 우리는 너무나 쉽게 호흡을 하기 때문에 감사할 줄을 모

르고 있습니다. 점점 공기는 오염되어 가고 있다는 것입니다. 옛날만
해도 옷을 매일 갈아입지 않아도 옷이 별로 더러워지지 않았다고 합
니다. 그런데 요즘은 한나절만 입고 지내도 옷이 더러워지고 손을
한나절만 안 씻어도 손이 새까매지는 것을 보게 됩니다. 그만큼 공
기가 점점 오염되고 있다는 것입니다. 이것은 굉장히 심각한 것이고
우리의 생명을 앗아가는 것이고 더 나아가서는 하나님께 대하여 온
전치 못한 청지기로서의 삶을 살고 있는 겁니다. 점점 오존층도 파
괴됩니다. 열은 점점 뜨거워집니다. 이러한 공기 오염은 앞으로 어떻
게 해야 할지 모를 정도로 굉장히 심각한 상태에 놓여 있습니다. 이
것은 내일이 아닌, 환경 전문가나 정부가 할 일이고 다른 사람들이
할 일이라고 생각할 것이 아니라 우리 스스로가 작은 것부터 노력하
고 실천하여 합니다.

　방에 있는 불을 하나씩 끌 수 있고 또 냉장고 문을 하루에 두 번
열 것을 한 번만 열 수도 있습니다. 공기를 오염시키는 쓰레기 태우
는 일들을 함부로 할 것이 아니고, 특별히 승강기를 타고 오르락내
리락하면서도 성미가 급해 close up 버튼을 마구 누르지만 결국은
그것이 자기에게로 돌아오게 됩니다. 자기가 그만큼 열을 발산시키
고 에너지를 방출시킨 그것이, 공기를 오염시키고 자기뿐만 아니라
우리의 가족, 우리의 삶이 그만큼 망가지고 파괴된다는 것을 잊지
말아야 될 줄 압니다.

　또 한 가지 우리가 지켜야 되고 감사해야 될 것 중의 하나는 물
이라고 생각됩니다. 여러분, 물이 정말 오염되었습니다. 수돗물에서
악취가 나고, 이물질도 나오고, 한강에 가서 보면 우리가 그 물을 먹
고 산다는 것이 정말 끔찍하다는 생각이 듭니다. 그런데 우리는 버
려서는 안 될 폐수들을 강으로, 바다로 버리고, 많은 물들을 오염시
키고 있습니다. 물 중의 97%가 바닷물이라고 합니다. 바닷물은 먹을
수가 없습니다. 그리고 바다와 함께 빙하, 얼음이 2.1~2.5% 정도 된

다고 합니다. 그리고 우리가 먹을 수 있는 담수는 0.65%, 지구상의 1%도 안 되는 그 물을 가지고 우리는 먹고 지내고 있는 것입니다. 그런데 그 물조차 오염되고 먹을 수 없는 물로 변하고 말았기 때문에 우리는 지금 물을 사 먹고 있습니다. 슈퍼마켓에 가보면 콜라 한 병에도 천원이고 물 한 병에도 천원입니다. 불과 몇 년 전, 제가 여러분만 할 때만 해도 도저히 상상하지 못했던 일이라고 생각됩니다. 그런데 이젠 물을 사 먹게 되었고 그 물조차도 믿을 수 없을 만큼 비참한 현실이 바로 우리에게 위기로 다가와 있습니다.

91년도에 독일에 갔었습니다. 그때 느낀 점 하나가 독일의 물은 참 맑구나 하는 것이었습니다. 무슨 강인지는 모르겠지만, 너무나 많은 물이 흐르는데 낚시를 하고 싶은 충동이 드는 걸 참느라고 힘들었습니다. 낚싯대를 팔지도 않고 고기 잡는 사람도 전혀 찾아볼 수 없었습니다. 그 강가에 물이 맑으니까 고기가 많았고, 석조로 물줄기가 도시 한가운데로 흐르도록 해 놓았습니다. 그 물이 흐르니까 도시 한가운데서 손도 씻을 수도 있고 아이들이 물장구도 치고 하는 것을 보고, 좋은 나라구나 하는 것을 느꼈고 또 한 가지는 우리가 한창 하고 있는 분리수거, 그때는 그게 뭔지도 몰랐는데 집집마다 색깔이 다른 통들이 놓여 있었습니다. 이게 뭔가 하고 보니 플라스틱은 플라스틱끼리 오물은 오물끼리 분리수거를 하고 있었습니다. 독일은 그때 벌써 쓰레기 분리수거가 정착되어 있는 것을 볼 수 있었습니다.

여러분, 그렇게 깨끗한 공간이어서 그런지 공기도 맑았습니다. 그 숲들도 맑았고 거짓말이 아니라 도시 한가운데 아침에 일어나면 토끼라든지 다람쥐들이 뛰어다니고 있는 모습들을 보면서 정말 좋은 나라라고 느꼈습니다. 여러분, 명동 한가운데 가서 만약 다람쥐라든지 토끼가 뛰어다닌다고 하면 아마 여러 사람들이 그걸 잡아서 이용하려고 잡으려 뛰어다닐 겁니다. 또 공원에 가보면 그들은 먹을 음식을 가져와서 던져주는 것을 볼 수 있습니다. 그리고 다람쥐들이 사람 위로 올라오고 만화에서 보는 것 같은 그러한 모습을 보면서 참 좋은 나라라고 생각했습니다.

왜냐하면 우리들의 마음속에는 환경에 아랑곳없이 사람만이 소중하고 우리만 잘 살면 되지 않겠는가 하는 생각을 가지고 있기 때문입니다. 하나님이 다람쥐도 만드셨고 토끼도 만드셨고 이 땅도 만든 것이지 스스로 저절로 생기는 것이 결코 아닙니다.

진화론자들이 말하듯이 어느 날 갑자기 어떠한 과정을 거쳐 토끼가 되고 다람쥐가 되고 지구가 만들어진 것이 절대 아닙니다.

성경에서 말씀하셨듯이 빛이 있으라 하나님이 말씀하시니 빛이 있었고 모든 동물들도 하나님이 직접 창조하셨습니다. 그리고 하시는 말씀이 "너희는 생육하고 번성하고 땅을 다스리라"고 하셨습니다.

그런데 우리는 다스리지 못하고 관리하지 못하고서 이 땅과 공기와 물을 오염시키고 문제의 땅으로 만들고 말았습니다. 심지어는 하나님의 땅을 가지고 사람들이 자기 땅인 양 등기도 해 가지고 그것으로 투기도 하고 돈의 목적으로 사용하는 엄청난 부정을 저지르고 있습니다.

여러분, 여러분이 살고 있는 땅, 딛고 있는 땅, 여러분이 마시고 숨쉬는 물과 공기는 여러분의 것이 아니라 바로 하나님의 것입니다.

심지어는 여러분의 몸도 여러분 개인의 것이 아니라 하나님의 것입니다. 모든 것이 하나님의 것이고 모든 것이 하나님으로부터 왔기 때문에 우리는 그것을 잘 관리하고 잘 지켜야 할 필요가 있습니다.

여러분 하루에 쓰레기를 얼마나 버립니까? 통계 숫자적으로 보면, 보통 하루에 한국 사람들의 쓰레기 배출량은 2.1kg이라고 합니다. 그리고 그것이 일 년이면 5천5백억 톤이라고 합니다. 엄청난 숫자입니다. 그 수치를 계산하는 사람들이 이야기하기를 10톤짜리 트럭으로 지구를 한 바퀴 돌고도 모자란다고 합니다. 엄청난 쓰레기가 매년

쏟아지고 있습니다. 그 쓰레기가 어디로 가겠습니까?

땅으로 버려져서 썩지도 않고, 또 썩는다 하더라도 땅을 오염시키고 땅을 황폐화시키고 호흡을 못 할 정도로 만들어 버립니다. 여러분의 땅이 여러분 몸이라고 생각해 보십시오. 같이 호흡하는 그 땅에 버려서는 안 될 것을 버리고 땅을 황폐케 만들고 있을 때, 그 땅이 말을 한다고 생각한다면 우리는 아마 귀로 들을 수 없는 말들을 땅들은 외치고 있을 겁니다.

그들이 부르짖는 소리를 듣고 하나님은 마음이 아프셨을 것입니다. 지금 이 시간에 일일이 열거할 수 없을 정도의 폐기물 때문에도 문제가 심각하고, 소음의 공해도 심각하고, 여러분이 버리는 종이 한 장 한 장이 그냥 버려지는 것이 아니라 엄청난 쓰레기로 버려지고 있고, 아파트촌 같은 데 가보면 쓰레기가 산더미처럼 쌓여 있습니다. 자기 집만 아니면 된다 하고 자기 집 문 밖에 버리면 끝이라고 생각하고 갖다 버리고 있습니다. 여러분, 이제 남의 문제라 생각하면 안 됩니다. 조그만 땅이 쓰레기로 점점 쌓이다 보면 끔찍한 일이 벌어질 겁니다.

저는, 집에 갈 때마다 느끼는 것이 있는데 저희 집은 묘하게도 두 거리를 거치게 됩니다. 첫 번째 지나가는 길이 난지도를 통해 지나가는 것이고, 조금 더 가면 철책 선을 통과해서 이 땅의 아픔을 짊어지고 가는 길을 지나 집에 가게 됩니다.

난지도를 지날 때마다 참 끔찍하답니다. 거기서 나오는 악취, 점점 쌓여 가는 쓰레기더미를 보면서 과연 어떻게 될 것인가 걱정이 됩니다. 여러분이 버리는 쓰레기 한 장, 그리고 마구 버리는 오물들 하나하나가 지금 서울 한 구석에서 이 땅의 한 구석에서 점점 쌓여 가고 있는 이 아픔을 볼 때 우리는 그냥 넘어갈 것이 아니라 다시 한 번 여러분의 주위를 돌이켜봐야 됩니다.

교회도 그렇습니다. 어디를 가 봐도 쓰레기가 잔뜩 쌓여 있습니다.

그걸 어떻게든 처리하고 정리해야 하는데 벼려선 안 될 것들까지도 마구잡이로 버리고 있습니다. 이러한 문제들을 그냥 간과할 것이 아니라 우리는 이 땅을 지키고 지구를 지키고 하나님이 만드신 창조물을 지키는 하나님의 청지기로서 우리의 본분을 다해서 하나님이 이 땅을 지으시고 보시기에 참 아름다웠다라고 하는 고백이 다시 한 번 우리의 후손들과 여러분 삶 속에 나타나도록 우리 모두가 함께 노력해야 됩니다.

악에서 구하옵소서

예수를 믿는 우리는 이런 고민을 할 수 있습니다.

하나님을 섬기는 사람들에게 왜 어려움과 시련이 있고, 왜 하나님이 나를 시험하는지……. 주일 예배를 잘 드리고 하나님 말씀을 열심히 읽고 믿음 안에서 찬양하는 나의 삶 속에 왜 하나님이 시련을 줄까? 그리고 저렇게 신앙생활을 잘하고 누가 보아도 모범적인 사람인데도 불구하고 왜 그러한 어려움이 있을까? 한번쯤은 고민해 보았을 것입니다.

성경에 나오는 시험의 종류에는 여러 가지가 있는데 크게 유혹(temptation)과 테스트(test)로 나눌 수 있습니다.

한 예로 아브라함은 하나님께 테스트를 받습니다. 즉 아브라함이 당하는 하나님의 시험은 그의 사랑하는 아들 이삭을 제물로 받쳐야 하는 것이었습니다. 아버지 아브라함이 장성한 아들 이삭을 양처럼 각을 떠서 제물로 바치라고 하셨을까? 아브라함은 이러한 고통으로 밤을 새웠을 것입니다. 그러나 아브라함은 믿음으로 아들을 제물로 바치려고 했고, 하나님의 인도로 시험을 통과하였기 때문에, 우리는 '믿음의 조상' 아브라함을 만날 수 있습니다.

또한 예수님은 하나님의 아들로서 시험당할 필요가 없는 완벽하시고 전지전능하신 존재였습니다. 그러나 그가 광야에서 40주야의 금식 기도를 마쳤을 때 사탄이 그를 세 번이나 시험합니다. 그 세 번의 시험을 말씀과 충성 그리고 믿음으로 다 이기고 나서야 비로소 천사가 그를 호위하였고 온전히 하나님의 사역을 행하게 됩니다.

우리는 이러한 예를 통하여 성경에 나오는 아브라함부터 모든 인물들 모두가 하나님의 시험을 당하는 것을 볼 수 있습니다.

또 애매하게 당하는 시험도 있습니다. 여러분은 욥을 알고 계실 것입니다. 당대의 훌륭한 의인이었던 욥도 하나님이 보낸 사탄에 의해 혹독하게 시험을 치릅니다.

이제 우리는 시험에 대한 세 가지의 결론을 내릴 수 있습니다. 시험은 누구나 당할 수 있다는 것이고, 언제든지 시험을 당할 수 있다는 것 그리고 어디서든지 하나님의 시험이 있을 수 있다는 것입니다.

따라서 여기 있는 저를 포함한 모든 사람은 언제, 어디서든지 하나님의 시험을 생각할 수 있습니다. 더 나아가서 우리가 믿지 않으려고 하는 존재인 사탄, 문명화되고 산업화가 발달된 현대의 사람들은 '정말 악마가 있을까? 정말 귀신이 있을까?' 하고 성경에 나타난 마귀의 존재, 사탄의 존재를 의심하고 믿지 않으려고 하는 경향이 있습니다.

그러나 사탄은 분명히 성경에도 나타나 있고 현대에도 있으며 믿는 사람들을 넘어뜨리기 위해 온갖 노력과 계교를 부리고 있습니다. 여담이지만, 예수님이 십자가 상에서 돌아가셨을 때 하늘이 온통 흑암으로 뒤덮인 것은 온 세상의 마귀들이 돌아가신 예수님을 구경하기 위해 십자가 위로 몰려들었기 때문이라는 재미있는 이야기도 있습니다.

여러분, 우리를 넘어뜨리고자 하는 마귀는 호시탐탐 우리를 노리고 있습니다. 우리가 잠깐 잠든다든지, 깨어 있지 않고 방심하여 엉뚱한 길로 가려 할 때 사탄은 그 기회를 타서 우리를 넘어뜨리고 좌절시키고 죄를 지어 죄책감을 갖게 하고 하나님을 믿지 않도록 하기

위해서 온갖 수단과 방법을 가리지 않고 지금도 우리를 시험하고 있
는 모습을 볼 수 있습니다.

시험은 여러 가지로 볼 수 있는데 첫 번째는 외부로부터 오는 시
험입니다. 현대는 화려한 문명의 시대, 다시 말해 죄를 지을 수밖에
없는 환락가들, 그리고 물질문명이 팽배해진 오늘의 시대는 우리를
넘어뜨리고자 하는 것들이 많이 널려 있습니다. 바로 청소년들이 당
하기 쉬운 시험인데, TV를 보면서 관심과 생각을 흐릴 수도 있고
가는 곳마다 죄를 지을 수밖에 없는 장면들로 인해 잠깐 방심하면
당할 수 있는 시험입니다.

또 한 가지 외적으로 우리를 시험하는 것 중의 하나는 자기를 사
랑하는 사람을 통하여 시험하는 것입니다. 예수님께서 "원수가 너희
집안 식구니라"라고 하신 말씀이 성경에 기록되어 있습니다. 마귀는
가장 사랑하는 사람을 통해서, 그 사람 때문에 내가 죄를 짓도록 인
도합니다. 여러분을 사랑하는 사람들, 여러분의 가족들, 여러분이 사
랑하는 사람들을 통해서 사탄은 우리를 넘어뜨리고자 합니다.

두 번째로, 우리를 시험하는 것 중의 하나는 내적인 갈등입니다.
내적으로부터 오는 죄, 즉 죄책감을 갖게 하고, 과거의 죄에 집착하
게 하며, 자신감을 잃게 하는 것입니다. 그때마다 우리는 예수님의
십자가와 하나님의 의를 따라 계속 나아가야 합니다.

마지막으로 우리에게 오는 또 하나의 시험은 하나님을 사랑하지
않는 죄, 또는 하나님의 사랑에 대해서 불신하게 되는 죄입니다. 늦
게 신앙생활을 시작한 사람보다 모태신앙이나 어려서부터, 주일학교
에서부터 크리스천의 문화 속에서 살아왔던 사람들이 이러한 경험을
더 자주 할 수 있습니다. "정말 하나님이 있겠느냐" 하면서 무신론
자들이 많이 생겨나기도 합니다. 왜냐하면 예수 그리스도를 만나 영
접하고 뜨거움과 함께 신앙생활을 하게 된 사람은 그 체험으로 인해
하나님이 살아계심을 확신할 수 있지만 처음부터 막연히 습관적으로

하나님을 믿어 왔던 사람은 특별히 나를 위하여 예수님이 십자가에 달려 돌아가셨다는 사실을 믿지 못하는 경향이 있습니다. "하나님이 나를 사랑하지 않는다고" 하는 그것, 이것이 시험 중의 가장 큰 시험입니다. 하나님이 없다고 생각하는 그 순간부터 그는 무슨 짓을 해도 하나님이 나를 심판한다고 하는 생각이 없기 때문에 엄청나게 잘못된 길로 갈 수밖에 없는 것을 보게 됩니다.

우리는 내 자신의 렌즈를 통해서 하나님을 보아서는 안 됩니다. 하나님이 온 우주 만물과 또한 나를 바라보고 있다는 시각 속에서 나를 바라보아야 합니다. 내 렌즈, 여러분의 렌즈가 얼마나 크겠습니까? 여러분의 시각으로는 아무리 보아도 조금 멀리 있는 것은 잘 볼 수가 없고, 좀 멀리 있는 것은 전혀 볼 수가 없습니다. 여러분의 지식으로 하나님을 안다고 하는 것은 바다 속의 모래알 하나만도 못한 그러한 지식밖에는 되지 않습니다.

여러분이 아무리 많이 알아 큰 지식을 가지고 있다 할지라도 조개껍질을 가지고 모래성에 바닷물을 퍼 넣겠다고 하는 생각만큼도 되지 않습니다. 그러한 렌즈를 가지고 하나님을 판단하고 하나님을 이야기하고 하나님이 있다 없다고 이야기하는 것만큼 어리석은 것은 없습니다.

우리가 이러한 여러 가지 시험에 들지 않기 위해서 예수님은 마 26:41에서 이렇게 말씀하고 계십니다. "시험에 들지 않게 깨어서 기도하라" 깨어 기도하지 않고는 진정 시험을 이길 수가 없습니다. 많은 신앙인들이 기도하지 않을 때, 하나님 앞에서 죄를 짓는 경우를 많이 봅니다. 우리가 깨어 있지 않을 때, 잠들어 있을 때, 방심하고 있을 때, 그럴 때 우리는 넘어질 수밖에 없습니다. 자기의 힘을 믿고, '나는 그래도 오늘 아침에 Q. T를 했으니까', '나는 그래도 교회를 몇 년 동안 다니고, 임원인데 시험에 들 리가 있을까?'라고 생각할 수 있습니다. 하지만 한마디로 '아니요!'입니다. 하나님은 어떠한 사람을 막론하고, 하나님의 아들이신 예수님도 시험을 당하셨고 말씀으로 그 시험을 이기셨습니다. 40일 동안 굶으신 배고픈 예수님께 사탄이 와서 돌을 떡으로 만들라 했을 때 "사람이 떡으로만 살 것이 아니요, 하나님의 말씀으로 살 것이라" 하시고 말씀으로 사탄을 이기셨습니다. 여러분, 늘 깨어서 기도하는 사람도, 예수님까지도 시험을 당하시는데 여러분이 깨어 있지 않고, 자신을 믿고 여러분의 주먹을 믿고, 과거를 믿고, 자기의 지식을 믿고서는 우리가 사탄을 결코 이길 수가 없습니다. 또 나가서는 우리가 방심하고, 나태해질 때 사탄이 우리를 시험하게 됩니다.

인도에서 내려오는 전설입니다. 어느 마을에 사람만 보면 잡아먹는 살인 호랑이가 살고 있었습니다. 나라에서는 이 호랑이를 잡기 위해 가장 훌륭한 포수 4명을 보내어 호랑이를 잡도록 하였습니다. 포수들은 호랑이가 잘 나타나는 길목에 차를 세우고 한 사람은 앞에, 한 사람은 뒤에, 한 사람은 옆에 서서 총을 겨누면서 밤을 지내게 되었습니다. 그리고 나머지 한 사람은 차 안에서 대기하고 있었습니다. 그러나 갑자기 호랑이가 습격했을 때 밖의 세 사람은 죽지 않았지만, 가장 안전할 줄 알았던 차 안의 사람은 죽고 말았습니다. 그는 스스로를 지키지 않고 방심하고 있었기 때문입니다. 이것을 교훈 삼아 주의 깊게 사탄을 경계하고 자신을 지키면서 살아가야 할 것입니다. 여러분 우리가 조금 방심할 때 사탄은 우리로 하여금 죄를 짓게 합니다. 우리로 하여금 시험에 들게 합니다.

다음으로 문제가 되는 것은 시험이 어디로 통하여 오느냐 하는 것입니다. 가장 중요한 것은 자기를 통하여 오는 시험입니다. 다시 말해 자기의 욕심 때문에 시험에 들게 됩니다.

돈이 아주 많은 어떤 부자가 돈을 숨기기 위해 고민을 하다가 집에 큰 지하창고를 만들고, 또 그 안에 특수한 비밀창고를 만들었습니다. 그 창고는 자기만이 아는, 밖에서는 열 수 있어도 안에서는 열 수가 없는 그런 창고였습니다. 매일 돈과 보물을 그 안에 쌓아 두고 행복해하던 어느 날 그 부자는 자신의 재물이 쌓인 것을 보고 싶어 그 안으로 들어갔다가 그만 나올 수가 없게 되고 말았습니다. 큰 집에 혼자 살던 집주인이 계속 행방불명되자 동네 사람들은 상의하여 그 부자의 집에 다른 사람이 살도록 하였습니다. 그리고 새 집주인은 얼마 지나지 않아 지하의 이상한 창고에서 황금을 부여잡고, 보물에 쌓여 굶어 죽어 있는 부자를 발견할 수 있었습니다. 시험은 욕심을 통해서 옵니다. 오늘날에는 성공하기 위한 커다란 욕심 때문에 남을 해치고, 비방하고, 살인까지 저지르는 경우를 볼 수 있습니다. 우리는 욕심을 절제할 줄 아는 성령의 도우심을 받아야 합니다.

또 하나 깊이 생각해야 할 것은 "다만 악에서 구하옵소서." 할 때의 '악'이라고 하는 것입니다. 악은 세 가지로 나누어 볼 수 있는데 첫 번째는 신체적인 악입니다. 신체적 결함이 있다든가 병에 걸린다든가 하는 것은 성경에 나타나듯이 신체적인 악이라고 할 수 있습니다. 두 번째의 악은 마음의 악입니다. 마음에 깊은 아픔이 있고 그것이 나를 계속적으로 괴롭게 하는 것도 하나의 악입니다. 또 하나의 악은 우리의 마음속에서 끊임없이 나오는 악한 생각입니다. 선한 마음이 아니라 악한 마음이 자꾸 생기는 것을 말합니다.

그러나 궁극적인 악은 역시 실제로 사탄이 있다는 것입니다. 하나님의 일을 할 때 방해하는 많은 조건들과 요인들이 사람들에게 있습니다. 그러나 그 일과 사람 뒤에는 배후조정을 하는 사탄이 있다는 것을 유념해야 합니다.

서양의 옛 속담에 이런 것이 있습니다. 바로 마귀가 하는 네 가지의 말로서 첫 번째, "누구든지 하니까 당신도 하십시오", 두 번째, "이까짓 일이야", 세 번째, "딱 한 번만 하십시오", 네 번째, "아직도 젊은데 벌써부터 의롭게 살 필요는 없어."라고 하는 것입니다. 어떻게 보면 그럴듯합니다. '누구든지 하니까, 내 친구도 하고 이웃도 하니까', '이까짓 일이야, 사람을 죽이는 일도 아닌데 이까짓 일이야 하나님이 용서하지 않을까', 그리고 '앞길이 창창한데 벌써부터 의롭게 살 필요가 있겠습니까?' 이것이 서양 속담에 내려오는 사탄이 우리를 유혹하는 말들 중 네 가지의 말입니다.

우리가 이러한 사탄을 이기기 위해 기도와 함께할 수 있는 일이 한 가지 있습니다. 그것은 하나님께 대한 감사와 찬양입니다. 찬양을 들으면서 죄를 짓는 사람은 없습니다. 찬양을 들으면서 나쁜 생각을 하는 사람은 없습니다. 찬양을 듣는 그 순간만큼은 진실하고 아름다운 생각을 하게 됩니다. 성가대원들은 그런 의미에서 특별한 감사를 해야 합니다. 지휘하시는 선생님이 늘 아름답게 살 수 있는 것은 찬양을 하시기 때문입니다. 매일 찬양을 준비하고 연습하시느라 죄를 지을 겨를이 없는 것입니다. 또한 반주하시는 선생님도 반주를 하는 것이 아니라 손과 입이 함께 찬양을 하십니다. 찬양을 할 때, 말씀을 들을 때, 즉 하나님 앞에서 가장 아름답고 소중한 시간입니다. 그리고 기도할 때, 감사하는 마음을 가질 때, 이 세 가지가 있을 때 우리는 죄를 짓지 않게 됩니다.

그러나 그 반대로 하나님께 감사하지 않고, 하나님 말씀을 듣지 않고 내 힘으로 나를 지키고자 애를 쓸 때, 그처럼 크리스천이 비참하고, 힘들고, 어려울 때는 없습니다. 내 힘으로 내가 나를 지킨다고 하는 것만큼 거짓된 것도 없습니다. 여러분이 아무리 진실하게, 의롭게 살려고 해도 우리는 죄인일 수밖에 없습니다.

마르틴 루터에게 어느 날 밤 사탄이 나타났습니다. 루터는 종교개혁자이면서도 중세의 의로운 사람이었습니다. 그러나 사탄은 그의 죄를 지적합니다. "당신은 죄인인데 당신이 어떻게 종교개혁을 할 수 있고, 당신이 어떻게 하나님의 아들로서 활동할 수 있느냐"고 지적할 때 루터는 잉크병을 던져 대면서 말합니다. "오직 의인은 믿음으로 말미암아 살리라"(롬1:17) 오직 믿음으로 내가 의롭게 되었고 내 의가 아니라 그리스도의 의로 내가 하나님 앞에 설 수 있다고 간절히 기도합니다.

하나님 앞에 가까이 가면 갈수록 의로운 사람은 아무도 없습니다. 그래서 사도 바울은 이렇게 말합니다. 로마서 7장에 "오호라 나는 곤고한 사람이로다. 이 사망의 몸에서 누가 나를 건져내랴" 이렇게 한탄하시지만 다시 로마서 1:17을 읽어 보면 아주 기쁜 말을 합니다. "오직 의인은 믿음으로 말미암아 살리라." 여러분! 그리스도를 믿고 따르고 감사와 찬양과 영광을 돌립시다. 또 "우리를 시험에 들게 하지 마옵시고 다만 악에서 구하옵소서." 이 기도를 하면서 우리의 마음속에 확신과 기쁨이 늘 함께하시기를 바랍니다.

아름다운 윤리

오늘날 현대에 많은 윤리관이 있고 윤리의 가치가 있지만, 그 윤리와 가치가 변하고 있다는 것이 우리의 아픔이요 고민이라 생각합니다. 이것은 급속도로 또는 유행어처럼 주기적으로, 계속적으로 변하고 있습니다.

그리고 그 변화가 어디론가 계속 흐르고 있다는 것이 또 하나의 깊이 인지해야 할 사항입니다. 끊임없이 어디론가 흐르는 이 가치관과 윤리의 변화를 누군가가 주관하고 있습니다. 주관자가 있는데 왜 이 가치관이 계속 흐르는지 오늘의 시점에서 우리는 다시 한번 생각을 해 보아야 된다고 생각합니다.

가장 먼저 우리가 생각할 수 있는 가치관의 변화는 개인주의입니다. 모든 사람들을 일괄적으로 보아도 한 사람 한 사람이 다 개별화되어 있고 가치관이 다르고 윤리관이 다르고 개인주의화되어 살아가고 있습니다. 또한 굉장히 삭막해졌습니다. 사랑하는 친구들 간에도 전화 한 통 없고, 소중한 편지가 자주 오고 갔던 옛날과 다르게 편지 쓰기도 힘들어지고 쓰지도 않을 뿐만 아니라 받기도 힘들어지고 있습니다. 그만큼 개인적으로 각자의 삶이 바쁘고 개인의 이익과 개인의 잘됨, 그것 하나만을 추구하면서 열심히 뛰고 있다는 것입니다. 그러한 가운데 일어나는 많은 모순과 부조리를 우리는 보고 느낄 수 있습니다. 옛날 우리의 어머니들을 보면 아버지를 소개할 때 지금도 그런 분이 계실지 모르지만 "제 남편입니다." 이렇게 소개하지 않고 "저의 주인입니다." 이렇게 소개했었습니다. '제 주인입니다.' 그러면 본인은 뭐가 됩니까? 남편은 주인이지만 자기는 주인의 반대의 개념을 갖고 있는 것입니다.

다시 말해 하나의 수직적 관계이지만 질서가 있었다는 것입니다. 가정에서는 아버지의 권위가 최고로 높고 그 다음인 어머니는 자녀와 아버지를 섬기는 종의 입장에서 섬김의 자세로 살았던 그러한 가정의 윤리가 있었습니다. 그런데 오늘날 남편을 가리켜 "제 주인입니다." 이렇게 소개하는 것을 저는 들어보지 못했습니다. "제 남편입니다." 어떤 때는 "제 친구입니다." 그렇게 이야기를 합니다. 또한 자녀들도 부모들을 대할 때는 항상 경어를 쓰고 어려워하였습니다. 집안에 어른이 들어오시면 떠들다가도 조용해지고, 어지럽혔던 것을 정리합니다. 이렇게 아버지의 권위가 가정에서 상당한 위치를 차지하고 있었습니다. 그런데 요즘은 어떻습니까? 아버지를 기사처럼 부립니다. 아버지께 어디 갈 거니까 차를 대라고 하여 타고 갔다 옵니다. 그리고 아버지뿐만 아니라 어머니의 권위도 찾아볼 수 없습니다. 자기 스스로 할 수 있음에도 불구하고 어머니를 종 부리듯이 이 일도 시키고 저 일도 시키며 많은 것을 요구합니다. 가정의 가치관이 없어지고 있는 것입니다.

또 정치적으로 보아도 그렇습니다. 옛날에 '대통령'이라고 하면 왕이었습니다. 그런데 요즈음은 대통령을 그렇게 높이지도 않고 또한 높임을 받으려고 하는 그 자체가 잘못된 것으로 여기는 가치관으로 바뀌고 말았습니다. 우리의 고민이 여기에 있습니다.

또 하나의 고민으로 현실주의를 듭니다. 오늘날 우리에게는 "지금, 여기서 내가 무엇을 할 것인가"라고 하는 가치관만이 있지, 내일 무엇을 할 것인지 또는 일 년을 생각하고 미래의 꿈을 꾸며 살아가는 것이 힘들었습니다. 현실을 생각하고 손에 잡히는 것만 생각하다 보니까 마음이 늘 조급하고 불안합니다. 그러나 미래를 향해 사는 사람은 비록 지금 손에 아무것도 없을지라도 마음속에 꿈을 갖고 삽니다. 마치 결혼 날짜를 잡아놓은 아가씨가 '미래, 가을에 결혼할 것이다.'라는 꿈이 있을 때 당장 남편과 같이 살지 않더라도 마음 한가운데에서 기쁨이 늘 샘솟는 것과 같습니다. 이는 미래가 있기 때문이고 미래에 대한 확실한 보장이 있기 때문입니다. 우리 기독교인은 미래에 대한 확증된 보장이 있기에 담대하고 소망이 있는 가운데 기쁨으로 살아갈 수 있는 것입니다.

또 하나의 가치관의 문제가 실리주의입니다. 사람들과 악수를 하면서도, 친구에게 전화를 하면서도 '저 사람에게 잘해 주면 나에게 어떤 이득이 있을까?'라는 경제적인 수치를 가지고 사람을 사귑니다. 그러한 가치관이 오늘날 팽배해져 있습니다. 오늘의 사회는 자기에게 도움이 되지 않는 사람을 섬기고 친구로 삼고자 하는 사람이 참으로 드물어 가고 있습니다.

심지어는 한평생 같이 살아가야 할 배우자를 고르는 데 있어서도 상당히 실질적인 이치가 깊이 개입되어 있습니다. 여러분도 자신을 가만히 살펴보면 얼마나 깊이 물들어 있는가를 스스로 깊이 반성하고 성찰해야 할 필요성이 있을 것입니다. 여러분은 이러한 잘못된 가치관과 빠르게 움직이는 그러한 세속적인 물결 속에 커다란 한 배를 타고 있습니다. 참으로 비참하고 안타깝기 그지없습니다. 짐승은 자기 새끼를 잘 키우다가도 조금만 크면 내보냅니다. 그리고 다 자란 새끼가 부모를 찾아와 "고맙습니다" 하고 효도하는 경우도 없습니다.

동물들은 본능적으로 그렇게 살아갑니다. 그러나 인간은 다릅니다. 자기를 낳아 주시고 모든 것을 책임져 주었던 부모의 은혜를 잊어버린다면 짐승 취급을 받는 비참한 사람이 되는 것입니다.

오늘 본문은 참된 인간의 인간 됨에 관한 약속의 첫 계명, "주 안에서 순종하라 이것이 옳으니라", 십계명 중에서도 다른 것보다 앞

서는 "부모를 공경하라", "부모에게 순종하라"는 말씀을 우리에게
주고 있습니다. 부모님께 순종하고 부모님께 효도하는 것은 결코 착
한 것이 아닙니다. 그것은 옳은 것입니다. 당연한 것, 반드시 해야만
하는 것, 그것을 하지 않으면 짐승과 같은 것, 그러한 기준이 되는
것입니다. 마르틴 루터는 아버지, 즉 부모를 네 가지로 분류했습니
다. 첫 번째는 자신을 낳아 주시고 길러 주신 부모님, 두 번째는 자
기의 신앙의 아버지로, 교회 선생님이나 목사님이 해당될 수 있다고
했습니다. 가톨릭에서는 신부를 아버지라고 호칭합니다. 그렇다면 우
리에게는 아버지가 참 많습니다. 우리를 낳아 주신 부모님, 여러분을
가르쳐 주시는 선생님, 또한 말씀을 주시는 전도사님이나 목사님, 그
리고 이 나라를 통치하는 왕도 우리의 아버지로 기억할 수 있습니
다. 여기에 우리는 더욱 중요한 아버지를 기억할 수 있습니다. 그렇
습니다. 우리가 부르는 '하나님 아버지'입니다. 그냥 '하나님'보다 훨
씬 따뜻하고 친밀감이 있습니다.

어버이날을 맞아 우리의 부모님과 자신을 생각해 봅니다. 부모를
사랑하고 섬김에 있어서 부모를 불쌍히 여기는 경우를 간혹 봅니다.
마치 자비를 베풀듯이 "부모님이 불쌍하니까 내가 잘해 줘야지." 이
것은 큰 잘못입니다. 또 부모님을 공경하라고 하였습니다.

우리의 부모님은 지혜가 있습니다. 여러분이 똑똑하다고 하더라도
부모님에게는 우리에게 없는 지혜가 있습니다. 우리는 당장 눈앞의
것만을 생각하지만 부모님들은 먼 미래를 바라보고 우리의 모든 장
래를 짐작하십니다.

여러분은 오랜 시간이 지난 후에 그때 부모님의 말씀이 옳았다고
깨닫는 경험을 자주 겪게 될 것입니다. 또한 부모님들은 항상 선하
십니다. 우리에게 선하고 진실하게 대하기 때문에 우리는 부모님을
공경하고 높일 수밖에 없습니다.

옛날에 고려장이라는 풍습이 있었습니다.

한 아들이 어머니를 버리기 위해 지게로 늙으신 어머니를 지고 산으로 올라가고 있었습니다. 그런데 뒤에서 어머니가 자꾸만 나뭇가지를 꺾어 길에 떨어뜨리는 것이었습니다. 이상히 여겨 이유를 묻는 아들에게 어머니는 "깊은 산에 들어가면 나는 거기서 죽으면 되지만 너는 돌아가야 하니 길을 잃지 않도록 표시를 만드는 것"이라고 대답합니다.

이 말을 들은 아들은 다시 어머님을 모시고 나오지 않을 수 없었고 더욱 깊이 공경하였다고 하는 이야기가 있습니다.

또 한겨울에 복숭아가 먹고 싶다는 어머니의 소원을 들어주기 위해 산을 헤매다가 하늘을 감동케 하여 복숭아를 구하는 이야기나, 고기를 구할 수 없어 자기의 허벅지살을 베어 드리는 등의 효에 관한 윤리는 우리나라에서는 특히 강조되어 왔습니다.

효도에는 조건이 있을 수 없습니다. 부모님이 나에게 잘해 주고 무언가를 주었기 때문에 효도를 하는 것은 효도가 아니라고 생각합니다. 오늘날 개인주의로, 현실주의로, 평등주의로, 실리주의로 모든 것이 변하고 있습니다.

그러나 모든 것이 변해도 변하지 말아야 할 하나의 윤리, 그것이 바로 효도의 윤리입니다.

그러면 어떻게 부모님께 효도해야 할까요?

첫째는 부모님을 장수할 수 있도록 해야 하는 겁니다. 건강을 염려해 드리고 마음을 써야 합니다.

두 번째는 마음을 편하게 해 드리는 것입니다. 부모님은 작은 것에도 기뻐하십니다. 초등학교 1학년인 아들이 만든 종이 카네이션에도 얼마나 기뻐하시는지 모릅니다. 세 번째로 늘 '부모님께 순종하고 공경하라'는 말씀을 마음 깊이 기억하는 것입니다. 어버이날이라고 그날만 효도하는 것이 아니라 주님 안에서 늘 부모님의 은혜에 감사하는 우리가 되어야 하겠습니다.

세상의 빛

　살아가는 가운데 빛에 대해 이야기할 때 크게 세 가지로 이야기하는 경향이 많이 있습니다.

　하나의 빛은 태양빛으로 자연적으로 비춰지는 빛을 말합니다. 빛이 없으면 단 하루도, 단 한 시간도 살 수 없는 것이 빛을 먹고 사는 우리의 삶입니다. 우리가 빛을 늘 쬐이기 때문에 잘 모르지만, 빛을 먹고 살고 빛을 보아야 살고 그리고 빛을 보면서 살아야만 합니다. 태초에 하나님이 제일 먼저 만드신 것은 빛이었습니다. "빛이 있으라" 하나님이 말씀으로 빛을 창도하시고 빛을 근원으로 하여 모든 것을 만드셨습니다. 그러나 빛의 고마움을 잊고 살 때가 많습니다. 밀폐되어 있는 공간에서 스위치를 다 내리고 전원을 차단한다면 아무 소리도 안 들리고 아무 모습도 보이지 않을 것입니다.

　또 하나의 빛이 있는데 그것은 영적인 빛입니다. 영적인 빛은 다시 말하면 마음의 빛이라고 할 수 있습니다. 정신의 빛, 그 심오한 말씀 속에 비춰지는 그것을 다른 말로 지혜의 빛이라고 말합니다. 공부를 많이 했음에도 불구하고 지혜롭지 못해 어리석고 우둔하게 사는 사람들도 많이 있습니다. 그리스도를 믿지 않고 예수 그리스도를 따르지 않는 사람들이 살아가는 모습을 보면 질적으로도 떨어지는 경향이 있습니다. 그것은 영적인 눈이 가리어졌기 때문입니다. 빛이 비추는 곳에서 눈을 감는 순간 우리는 아무것도 볼 수 없습니다. 우리가 눈을 감고 아무리 생각해도 앞이 보이지 않고 앞에 전개되는 오묘한 하나님의 솜씨를 볼 수 없습니다.

문제는 빛이 비추어지는 동시에 우리가 눈을 뜨고 바르게 보아야 할 문제가 또 하나 있다는 것입니다. 대표적인 한 사람을 보면 삼손을 들 수 있는데 삼손은 굉장히 힘이 셌습니다. 아마 삼손처럼 힘이 센 사람은 찾아보기 힘들 것입니다. 호랑이하고도 싸우고 사자하고도 싸웠습니다.

그리고 그의 삶의 마지막 장면을 보면 상상 이상의 초인간적인 힘이 나타나는 모습을 볼 수 있습니다. 삼손의 힘이 어디에 있었습니까? 머리카락에서 나오는 힘이었습니다.

그러나 그 머리카락이 잘렸을 때 삼손은 힘을 잃었습니다. 힘을 잃고 나서 먼저 행했던 하나님의 심판은 눈을 뽑는 것이었습니다. 그가 하나님께 기도하고 하나님은 그에게 새로운 힘을 주셨지만 그는 앞을 볼 수가 없었습니다. 아무리 힘이 있어도 보지 못하는 자는 앞을 못 볼 때 그 힘을 올바로 사용할 수 없습니다.

마찬가지로 영적인 눈이 가려졌을 때 많은 공부를 했고 아무리 조명을 비춰도 그는 어리석은 자로, 우매한 자로 전락할 수밖에 없습니다.

우리들 마음에는 빛이 있습니다. 우리들이 진리를 향하고, 바른길을 향할 때 마음의 빛이 환하게 비춰집니다. 마음이 어두워지는 것을 느낄 때 스스로를 한번쯤 평가해 보아야 합니다. 마음의 빛이 밝게 비춰진 사람은 마음이 밝고 눈도 밝고 생활이 밝을 것입니다.

그러나 마음이 어두운 곳에 있는 자는 거듭 죄를 생각하게 되고 불의를 행하게 되며 하나님이 아닌 다른 쪽으로 흐르게 됩니다. 그것은 우리 마음의 영적인 눈이 어두워졌기 때문입니다. 우리는 지금 어느 곳에 있는지 깊이 생각해 볼 필요가 있습니다.

오늘날 종교적으로 상당히 어두워져 가고 있다는 것을 느끼게 됩니다. 암흑과 같이 점점 어두워져 가고 있습니다. 그래서 많은 사람들이 아직도 부적을 가지고 다니고 심지어는 다수의 초등학생들까지도 부적을 가지고 다닙니다.

그리고 도심지 한가운데서도 점쟁이들, 무당들이 많으며, 미신 앞에 머리를 숙이고, 어두워져 가는 세상이 함께 동참하고 있습니다.

통계를 보면 유명한 대학교 앞에서도 약사도사, 또 무슨 도사라 해서 이상한 종교들이 자꾸 몰려들고 있습니다. 그 이유는 물론 교회는 많이 세워지고 하나님을 믿는 사람들도 점점 많아지고 있지만 아직도 우리가 영적으로 어두워져 가는 세상에 살고 있다는 것입니다.

문제는 이 빛 가운데서 눈을 뜨는 것입니다. 영적인 눈을 떠서 바르고, 옳고, 진실한 길을 향하여 나아가야 합니다. 그렇지 않고는 영적으로 종교적으로 어두워져 가는 이 세상 속에서 우리의 삶을 바르게 살아갈 수 없습니다.

주님은 "나는 빛이다"라고 말씀하셨습니다. 영어 성경에 보면 "나는 그 빛이다"라고 하는 점에 우리는 못을 박아야 합니다. 많은 빛이 있지만 우리에게는 오직 그리스도 한 분만이 빛입니다. 우리는 그 빛을 따라가야 합니다.

주님은 "너희는 세상의 빛이라"라고 말씀하셨습니다. 발아래 두지 않고 등경 위에 두기 때문에 비친 그 빛을 감춘 곳이 없이 다 비친다고 하십니다. 어두운 곳에 있을 때 옷을 더럽게 입고 세수를 하지 않는다 해도 별 차이를 느끼지 못합니다.

그러나 밝은 태양빛에 나가서 볼 때 그 사람이 세수를 안 한 얼굴인지 자다 나온 얼굴인지 금방 알아볼 수 있습니다. 우리가 죄 가운데 있을 때, 어두움에 있을 때는 우리가 우리의 모습을 제대로 볼 수가 없습니다. 그러나 그리스도 앞에 나아가 섰을 때, 그리스도 앞에 내 몸을 내어 놓았을, 그때는 우리의 모습이 환하게 드러나게 됩니다.

심판적인 요소가 있는 이 말씀은 우리가 은밀하게 행했던 죄악들, 아무도 모르게 행했던 모든 죄악들이 아버지 앞에 섰을 때 우리는 스스로가 볼 수 있을 만큼 환하게 그 빛을 드러낼 수밖에 없습니다.

그래서인지 죄인들은 자꾸 어두운 곳을 향하게 됩니다. 어둡고, 깊은 소굴로 자꾸 들어가게 됩니다. 의로운 사람들을 등지고 그리스도의 십자가를 등지고 자꾸 세상적으로 향할 때 우리는 빛이 아니라 어둠으로 향하게 됩니다. 빛은 들어가는 곳마다 밝게 비춰 줍니다. 아프리카나 방글라데시와 같은 어두운 나라를 보아도 빛이 들어갈 때, 즉 그리스도의 십자가가 들어갈 때 그 문화가 발전되고 그 문명이 발전하게 됩니다.

빛 되신 그리스도는 종교적으로만이 아니라 사회적으로도 빛을 주시고 그로 말미암아 세상이 밝아지는 것입니다. 세상의 빛은 우리들입니다. 우리가 가는 곳마다 밝아져야 됩니다. 소금이 있는 곳마다 부패하지 않고 썩지 않게 하는 역할을 하듯이 이제 빛이 있는 곳마다 주위가 환해져야 됩니다. 밝아져야 합니다. 우리들이 가는 곳마다 의가 살아나고 불의가 물러나야 합니다. 나가서는 예수 그리스도가 들어가는 곳마다 우리의 삶이 변화되어야 합니다.

보름에 한 번씩 뜨는 보름달도 태양을 전적으로 받아들일 때 비로소 보름달이 되는 것입니다. 태양을 반만 바라보는 달은 반달이고, 일부분만 바라보면 그믐달이나 초승달이 되고 맙니다. 우리가 그리스도를 전적으로 바라볼 때 우리의 모습에서 그리스도의 모습이 드러나게 되는 것입니다.

모세는 시내 산에 들어가서 40주야를 하나님과 아주 깊은 관계로 사귀게 됩니다. 얼굴과 얼굴을 마주 보면서 하나님을 바라보았을 때 모세의 얼굴에는 빛이 났습니다. 그의 얼굴이 환하게 빛이 나서 내려왔을 때는 백성들이 그의 모습을 볼 수 없어서 얼굴을 수건으로 가릴 정도였습니다. 수건으로 가리고도 빛나는 그 모습이 너무나 아름다웠습니다. 만난다는 것은 사귄다는 것입니다. 우리다 그리스도를 만난다. 사귄다 하는 것은 더 나아가서는 사랑한다는 것입니다. 늘 떨어져 있어도 그리스도를 마음속 깊이 생각하고 묵상하는 사람은 그의 모습에서 빛이 납니다. 빛 되신 그분을 보면서 우리는 변화돼야 합니다.

소금이 내적으로 그 지역사회를 물들이듯이 빛은 그 사회를 밝게 하는 외적인 모습입니다. 우리의 모습이 빛 가운데 거할 때 우리들 삶이 변화될 것입니다. "저희로 너희 착한 행실을 보고 하늘에 계신 아버지께 영광을 돌리게 하라" 살아계신 하나님께 모든 영광을 돌리는 모습을 보게 됩니다. 빛과 소금은 말이 없습니다. 어떤 소금도 말하는 소금이 없고 어떤 빛도 묵묵히 빛을 비추기만 합니다. 시끄럽게 소리치지 않습니다. 그리고 그 영광을 아버지께 돌리게 되는 삶이 필요합니다.

그리스도인은 선한 일을 하면 결코 입으로 말하지 않아야 합니다. 오른손이 하는 것을 왼손이 모르게 하는 그것만이 진실로 선한 일입니다. 알리기 시작하면 자기가 영광을 받기 때문에 하나님께 영광을 돌리지 못하게 되고 그로 인해 참된 그리스도인이 될 수 없습니다.

빛이라는 것은 항상 위에 있습니다. 우리가 시궁창에서 뒤범벅이 되어 살아가는 모습을 하나님은 원치 않으십니다. 홀로 떨어져서 밝게 비추는 것입니다. 누군가가 나를 비춰주는 것이 아니라 스스로 그리스도를 바라보면서, 그리스도를 바라보는 것만큼 내가 환하게 빛을 내야 합니다. 그리고 고요하게 높은 곳에서 홀로 그리스도를 본받으면서, 그리스도를 바라보면서 그리스도의 인격을 마음속에 새기면서 우리의 모습이 변화되어야 합니다. 경제학자인 아놀드 토인비는 이렇게 말하고 있습니다.

"세상이 점점 어두워져 가고 있고 희망이 없어 보인다. 그러나 마지막 유일하게 이 역사를 밝힐 하나의 빛이 있는데 그것은 기독교인이다." 기독교인들이 마음 깊이 새겨야 하는 말입니다. 우리의 사회가 점점 어두워져 가고 빛을 잃어 가고 있지만 토인비의 말처럼 이 역사와 사회를 환하게 비출 수 있는 마지막 희망은 그리스도인입니다.

우리가 이 세상에 빛이 되지 않고는 이 사회에서 하나님의 나라를 이끈 용사들도 바르게 설 수가 없습니다. 더욱더 그리스도 앞에 나아가 무릎을 꿇어 하나님이 주시는 빛 가운데 날마다 빛의 역사를 만들어 가는 우리의 모습이 되기 바랍니다.

마침표 없는 사랑 ●

한 해를 어떻게 보냈는지 자문해 보는 시간이 되었으면 합니다. 무엇을 하고 지냈는지 무엇이 남아 있는지 어떤 생각을 하면서 일 년을 마무리 했는지 같이 생각해 봐야 할 시간이라고 생각합니다.

여러분은 과연 자신을 위해 살았는지, 아니면 예수 그리스도를 위해서 한 해를 마무리했는지 가슴에 손을 얹고 조용히 생각해 보시기 바랍니다. 무엇을 했든 간에 가장 소중한 것, 가장 아름다운 것이 있다면 그것은 바로 사랑이라고 볼 수 있습니다.

지금도 하나님은 사랑을 찾고 계시고, 예수 그리스도를 사랑하는 그 한 사람을 찾고 계십니다.

고린도전서 13장에 "자기 몸을 불사르게 내어 줄지라도 그 가운데에 사랑이 없다면 그것은 아무것도 아니요 유익이 없다."고 말씀하십니다.

이제 머무는 이 한 해가 지나가면서 여러분과 저의 인생의 일 년이 마감되는 엄청난 순간에 와 있다고 볼 수 있습니다.

어떤 사람은 일생을 보내면서 올해를 성공했다고 말하는 반면에 실패했다고 말하는 사람이 있을 줄 압니다. 성공을 했다면 그 이유가 무엇에 있는지 반드시 생각해야 합니다. 여러분의 삶이 엄청난 실패였고, 슬픔이었고, 아픔이었다면 원인이 무엇인지 진단해 보아야 합니다.

그 원인이 다른 사람에게 있는 것이 아니라 자신에게 있고 원인의 깊이가 마음속에서 우러나오는 것이기에 인생을 성공했거나, 실패했다고 말할 수 있습니다.

성공과 실패의 기준을 어떻게 정할 수 있고 어떻게 성공과 실패를 평가할 수 있습니까?

어떤 사람은 자기중심적으로 내가 올해에 세웠던 계획이 이루어졌다면 성공했다고 볼 것입니다.

그러나 더 중요한 것은 하나님의 입장에서 나를 바라볼 때, 하나님이 나를 사랑하는 마음으로 바라볼 때 한 해를 아름답게 지냈다고 평가할 수 있는 반면 한 해를 헛되이 보냈고 하나님 앞에 마음만 아프게 지냈다고 볼 수가 있습니다.

여러분은 이런 한 해 동안 얼마만큼 진실했습니까?

통계적으로 보면 살아가면서 보통 사람들이 일주일에 거짓말을 열세 번 정도 한다고 합니다.

거짓말의 종류는 여러 가지입니다.

거짓말을 하기 위해 거짓말을 하는, 처음부터 속이기 위해 거짓말을 하는 사람이 있습니다.

또 거짓말은 아닌데 너무 감상적으로 흐르다 보니 자기도 모르게 도취되어 거짓말을 하는 사람이 있습니다. 또 과장된 거짓말을 하는 경우가 있습니다. 얘기하다 보니 더 살을 붙이고, 여러 가지 이유가 붙어 거짓말을 하는 사람이 있습니다.

어떤 사람은 자기의 수치스러운 비밀을 감추기 위해 마지못해 거짓말을 하기도 하고, 갑작스러운 질문에 엉겁결에 대답한 것이 거짓말이 되는 경우도 있습니다.

한 해에 얼마나 거짓말을 했고 얼마만큼 불성실하게 살았는지 한번 생각해 보시기 바랍니다. 그 이유가 많을수록 한 해를 진실하지 못하고 바르게 살지 못했다고 볼 수가 있습니다.

그러나 진실하지 못했던 우리들을 98년도의 사랑뿐만 아니라 99년도에도 마침표가 없이 넘어가는 것을 느낄 수가 있습니다.

영국의 신학자들이 모여서 '이 사회가 어두워져 가고 무서워져 가는데 하나님이 정말 있는지' 회의를 했습니다.

한 신학자가 "아마 하나님은 이제 죽은 것 같다. 하나님이 있다면 왜 세상이 시끄럽고 범죄가 극성이겠는가, 하나님은 돌아가셨다."라고 말합니다.

또 어떤 신학자는 하나님은 주무시는 것 같다고, 어떤 신학자는 하나님은 계시긴 하지만 침묵을 하는 것 같다는 등 여러 가지 이야기를 했습니다.

내로라하는 신학자들이 모여 회의를 하고 있을 때 한 소녀가 차를 들고 들어오면서 그 얘기를 듣고 격분은 했지만 마음속으로 꾹 참으면서 신학자들에게 차를 내어 놓고 이렇게 말합니다.

사랑의 사도인 사도 요한은 '하나님을 가리켜서' 사랑하는 자마다 하나님께로 와서 하나님을 알고 사랑하지 않는 자는 하나님을 알지 못한다고 말합니다.

하나님에 대해 안다고 하면서도 마음 깊은 곳에 사랑이 없다면 그는 하나님을 볼 수가 없습니다. 소련의 한 우주인은 달나라에 가서 우주여행을 마치고 돌아와 기자와의 인터뷰에서 '나는 달나라에 가 보았고 거기에 하나님이 없다는 것을 증명하고 왔다.'고 말합니다.

어디를 돌아다녀도 우주 공간에서 하나님을 찾아볼 수 없었다고 고백했습니다.

그러나 미국 최초의 우주여행을 마치고 온 어윈대령이란 사람은 기자회견 중에 하나님에 대해 이렇게 이야기합니다. 한 헝가리 청년이 그에게 '당신은 하나님을 보았다고 했는데 어떻게 하나님을 보았습니까?'라고 묻자 대령은 '나는 우주 여행하는 곳에서 하나님을 항상 보았습니다.'라고 대답합니다. 그러면서 '마음이 청결한 자는 하나님을 볼 것이요'라는 하나님의 말씀으로 그렇게 대답했습니다.

우리가 하나님을 보지 못하고 느끼지 못하고 생활 속에서 하나님을 깨닫지 못하는 이유는 마음이 불순하기 때문에 또 내 마음이 진실하지 못하기 때문에 하나님이 우리의 모든 가운데 함께 계신 것을 느낄 수가 없는 것입니다.

어원대령은 먼 달나라에 가서도 하나님을 보았습니다. 그는 마음이 청결한 상태에서 하나님이 우리와 함께 거하시는 것을 느끼고 생활했습니다. 하나님을 볼 수 있는 유일한 통로, 하나님께 나아갈 수 있는 유일한 통로는 진실하고 깨끗한 사랑입니다.

하나님의 사랑은 사랑 속에서뿐만 아니라 진노 가운데에서도 나타나는 것을 볼 수 있습니다. 다윗은 하나님께 엄청난 죄를 지었습니다. 그래서 그의 고백을 보면 침상이 썩을 정도로 밤새도록 눈물을 흘리며 하나님께 회개하며 나머지의 삶을 살게 됩니다. 그런데 다윗은 엄청난 죄로 인해서 큰 심판을 받게 됩니다. 선지자가 와서 이렇게 말합니다.

'너희 집안에 이제 칼날이 떨어질 날이 오리라'고 중벌을 내립니다. 다윗은 선한 백성을 이끌면서 나라를 올바르게 통치하고자 했지만 반란이 일어나고, 자기의 아들이 반란을 일으키고 모욕을 당하고 여러 가지 죽을 고비를 넘깁니다.

그때마다 다윗은, 이것은 하나님이 나를 사랑하는 채찍이라고 받아들입니다.

여러분 올해에 아마 여러 가지 어려움이 있었을 줄 압니다. 힘들고 고달프고 듣기 싫은 소리도 듣고 억울한 누명도 쓰면서 살았을 것입니다.

그러나 다윗의 고백처럼 이것이 하나님께서 주시는 끊임없는 사랑임을 알아야 합니다.

하나님은 오늘도, 영원토록 우리를 교육시키고 다듬어 주시고 깨

닮게 하시고 훈계하면서 우리 앞에 가까이 계십니다.

하나님의 사랑에 있어서 중요한 것은 자기를 먼저 사랑해야 하는 것입니다. 실제로 중학생들의 40% 정도가 흡연을 하고 술을 마신다고 하는데, 담배 연기 속의 해로운 성분이 인체에 들어가면 유존인자의 변화로 인해 기형아가 생긴다든지 잘못되는 경우가 많습니다. 술도 마찬가지로 뇌세포를 마비시키고, 담배 한 개비가 16분 30초의 생명을 단축시킵니다. 우리의 깨끗한 마음과 뇌세포 속에 좋지 않은 것을 집어넣어 몸을 해롭게 하는 것이라고 볼 수 있습니다. 얼마 남지 않은 올해에 무엇을 얻었습니까? 공부를 많이 한 것도, 운동을 많이 해서 몸이 건강해진 것도 중요합니다. 그러나 더 중요한 것은 영적으로 얼마나 성장했는가를 마음속에 그래프로 그려보면서, 지식이 늘어가고 육신이 커 가는 것과 함께 영적인 성장이 어디까지 왔는지 생각해 보아야 합니다.

어차피 우리는 이 세상에서 나그네와 같은 삶을 살기 때문에 언젠가는 지구를 떠나야 하지만, 마음속에 영원토록 남아야 할 생명의 말씀이 계속 성장하고 있을 때 기쁨으로 이 한 해를 마무리할 수 있습니다.

무엇을 얻었고, 무엇을 잃었습니까? 하나님의 마침표 없는 사랑이 올해뿐만 아니라 내년에도 기다리고 계십니다.

이제 여러분의 부족한 점이나 잘못, 허물들을 마침표 없는 하나님의 사랑 앞에 내어 놓고 대망의 새해를 깨끗하고 진실한 마음으로 하나님 앞에 나아갈 때 하나님의 것이 여러분의 것이 되고 여러분 안에서 이루어지는 하나님의 역사가 올해에 이어 내년에는 더 알차게 열매 맺고 승리하는 하루하루가 될 것입니다.

하나님을 만나는 길

여러분은 하나님을 어떠한 분으로 생각하고 있는지 모르겠습니다. 어떤 사람은 하나님을 굉장히 무서운 하나님으로 바라보고 느끼고 생활하는 사람이 있을 수도 있고, 또 나아가서는 공포의 하나님, 진노의 하나님, 마치 폭풍이 불고 천둥 번개가 칠 때 두려워하는 마음으로 하나님을 바라보고 하나님을 섬기는 사람도 있을 줄 압니다.

그런데 우리가 알고 있는 역사가 아놀드 토인비는 그리스도교에 대해서, 기독교에 대해서 가장 아름답고 가장 훌륭한 진리를 깨우치도록 한 사람은 바로 사도 요한이었다고 고백을 합니다. 사도 요한이 고백한 아주 아름답고 우리가 오늘 읽은 '하나님은 사랑이시다' 이것이 기독교를 기독교 되게 하고 기독교를 오늘의 기독교로 만든 아름다운 진리라고 고백을 합니다. 새로운 복음에 대해서 이야기할 때 '하나님은 사랑이시다 God is Love' 이 말이 오늘의 기독교를 성장시켰고 오늘의 기독교를 아름답게 만들었습니다. 좀 더 부각시켜 초점을 맞추어 사도 요한을 바라보면 사도 요한은 굉장히 자신만만하고 야심이 넘쳤던 사람으로 나타납니다. 사도 요한을 항상 따라다니는 형제가 있었는데 바로 야고보입니다.

야고보와 사도 요한 이 두 사람은 굉장히 명예욕이 있었고 권력욕이 있었습니다. 여러분이 기억하는 성경의 한 장면이 머릿속에 그

려질 줄 압니다. 예수님은 바로 십자가를 앞에 놓고 십자가를 질 결심을 하고 다짐을 하고 기도하는 마음으로 살고 있는데 어느 날 야고보와 요한의 어머니가 로비활동을 합니다. "내 아들이 있는데 한 사람은 우편에, 한 사람은 좌편에 앉게 하십시오. 당신의 그 나라의 그때가 되면, 다시 말해 당신이 왕이 되면 요한과 야고보를 양쪽 좌우에 장관자리를 주십시오."라고 로비를 합니다. 거기에 아무런 답변도 하지 않고 묵묵히 그것을 바라보고 따랐던 사람이 사도 요한이었습니다. 그래서 마태복음 마가복음 누가복음 이 세 복음서를 공관복음이라고 하는데 여기에는 사도 요한에 대한 기록이 몇 구절 나옵니다. 사도 요한에 대해 클로즈업되어 아름답게 묘사된 부분이 나오는데 그 면들을 종합해 보면 사도 요한은 명예욕이 있었고 권력욕이 있었고 예수를 따르는 궁극적 목적이 순순한 뜻이 아닌, 자기의 명예와 출세와 세상적인 성공을 위해 따랐던 것을 보게 됩니다.

만남이라고 하는 것은 우리가 흔히 일반적으로 세 단계의 만남을 이야기합니다. 여러분이 알고 있듯이 첫 번째의 만남은 부모와의 만남입니다. 그것은 어쩔 수 없는 만남이고, 운명적인 만남이라고도 할 수 있습니다. 내 뜻대로, 내 의지로 엄마와 아빠를 만나고 싶어서 만난 사람은 아무도 없습니다. 어떠한 뜻에 의해 우리 부모를 만났고 그 부모와의 만남이 어떤 사람의 일생을 좌우하고 성공과 실패, 또한 행복과 불행을 좌우하는 결정적인 요인이 됩니다. 여러분 중에 정말 좋은 부모를 만난 사람은 그 사람의 자질적인 면이나 여러 가지 형편상 훌륭한 사람이 되는 사람이 있습니다.

또 아주 천재적은 재능을 가진 사람인데 부모를 잘못 만나서 그 귀한 재능과 뛰어남이 말살되어 버리는 사람도 있습니다. 또 하나의 만남은 배우자와의 만남입니다. 아무리 아름답고 훌륭하게 성장했다 하더라도 자기의 배우자를 잘못 만나면 일생을 실패와 좌절 속에서 불행하게 살 수도 있습니다. 누구를 만나느냐, 그것은 반대로 말하면 어떠한 사람이 되느냐를 스스로 물어야 합니다. 어떤 사람이 되느냐에 따라서 어떤 사람을 만나게 됩니다. 그러니까 상대방을 바라보는 것이 아니라 거꾸로 나를 바라보면 그에 합당한 배우자를 만나게 돼 있습니다.

마지막 만남은 하나님과의 만남입니다. 그 만남은 영원한 만남이기 때문에 그 만남이 제일 소중하고 중요합니다. 일생을 사는 것이 60년, 70년이라 할지라도 하나님 안에서 만나는 것은 시간을 잴 수 없는 영원한 것이기 때문에 이 마지막 만남이 굉장히 소중하고 매우 중요합니다.

그런데 문제는 만남이라는 것이 참 많이 있는데 그 만남이 세상적이고 하찮은 것이고 더 나아가서는 이기적이고 더 나아가서는 쓸모없는 만남이 많이 있다는 것이 문제입니다. 여러분은 하루를 지내면서 많은 친구들을 만난 줄 압니다.

저도 가만히 하루의 삶을 노트에 정리해 보면 많은 사람들을 만나고 많은 이야기를 한 기록들을 많이 보게 됩니다. 그런데 문제는 많은 만남과 스침이 있는데 그 많은 만남과 스침이 진정 소중한 말과 영적인 말과 하나님 나라에 대한 말들은 적다는 것이 문제입니다. 하나님과의 만남에 있어서도 마찬가지입니다. 교회라고 하는 것, 거룩한 곳이라고 하는 것, 예배라고 하는 것, 여기서는 하나님과 나와의 만남의 시간입니다. 여러분은 지금 말하고 있지 않지만 하나님은 여러분에게 계속 말씀하고 계십니다. 정말 진실한 말과 깨끗한 말이 서로 오고 가기를 바라면서 여러분과 대화하기를 원하십니다. 그런데 여러분은 계속적으로 영적이고 하나님 뜻의 말씀이 아닌, 세상적이고 자기중심적인 얘기를 계속 내뱉는다면 그 만남은 아무 의미가 없습니다. 여러분 대화라고 하는 것은 한 번 말하고 한 번 듣는 것이 대화 아닙니까?

그렇다면 여러분 마음속에서 계속 question을 해야 합니다. 그래서

내가 물어보고 거기서 또 대답을 받고 또 물어보고 대답을 받고, 이
것이 예배입니다. 찬양을 통해서도 마찬가지로 찬양 속에서 하나님
께 말씀을 드리고 또 내 마음속에서 울려오는 그 말을 내가 받아들
이는, 이것이 진정한 예배입니다. 똑바른 자세로 앉아 있는 것만이
예배가 아니라 마음과 마음이, 인격과 인격이, 그리스도와 내 마음속
이 계속 부딪치면서 하나의 스파크가 계속 일어나야 됩니다. 그렇지
않고 아무 감정이 없다면 그것은 무미건조한 만남이고 쓸모없는 만
남입니다. 남자와 여자가 만났을 때 뭔가 뜨거운 전류가 흘러야 합
니다. 짜릿한 기쁨이 있어야 되는데 그리스도를 만나면서도 아무런
감정의 변화가 일어나지 않는다면 스스로 반성해야 합니다. 십자가
를 바라보면서 뭔가 가슴이 뭉클하고, 눈물은 못 흘릴지라도 눈물이
고일 정도는, 흘릴 듯 말 듯한 감정의 복받침이 있어야 되는데 그리
스도를 만나면서 십자가를 바라보면서도 아무 감정이 없다면 우리는
뭔가 잘못되어 있는 것입니다.

우리는 한 잔의 커피를 마시더라도 백 원짜리 동전을 넣고 마시
는 커피와 물을 끓이고 잔을 뜨겁게 데운 후 한 스푼씩 그 사람 취
향에 맞게 타서 또 알맞게 저어서, 알맞게 온도를 맞춘 그 한 잔의
커피를 마시는 것이 다르듯 여러분이 교회에 와서 그냥 인스턴트식
으로 하나님께 예배를 드리고 간다면 하나님은 그 예배를 별로 기쁘
게 받으실 수가 없을 줄로 압니다.

우리가 정말 조심해야 할 것은 친한 사람일수록 조심해야 할 일이
있다는 것입니다. 우린, 사실 처음 만나는 사람들에게는 예의를 갖춥
니다. 말에 있어서나 행함에 있어서나 친절하게 대할 때가 많습니다.
그런데 아주 친한 친구와의 관계, 부모와의 관계, 부부와의 관계, 아
주 친한 관계일수록 우리는 조심해야 합니다. 조심한다는 것은 예의
를 지키고 그리고 존경심을 가지는 것을 말합니다. 사랑하는 친구일
수록 우리는 함부로 말할 때가 많고 함부로 대할 때가 많은데 그 만

남은 과히 끝까지 아름답게 갈 수가 없습니다. 우리가 처음 만났을 때의 감정과 자세로 친구를 대한다면 그 사람 주위에는 많은 친구들이 있고 많은 만남이 아름답게 고리를 지어서 형성될 줄 압니다.

우리와 가장 친한 분은 예수님입니다. 예수님하고 너무 친하다 보니까 우리가 예수님을 대하는 태도가 예의 없을 때가 많이 있습니다. 예수님께 드리는 하나의 자그마한 시간이라 할지라도 정시에 만나는 일이 굉장히 중요합니다. 특히 예배 시간을 지키는 것을 더욱 중요합니다. 예배 시간은 아무리 늦어도 5분 전에는 와서 조용히 묵상하면서 예수님과 만날 시간을 준비하는 것이 필요합니다. 늦게 들어온다면 정말 미안함을 알고 예수님께 미안해해야 합니다. 선생님에게나 친구들만이 아니라 이 시간은 예수님을 만나는 시간이기 때문에 예의를 지켜야 합니다. 예수님 앞에 좀 더 나아가서 우리는 책임감을 지켜야 될 줄 압니다.

나는 크리스천이라고 하는 아주 확실한 의미의 확신을 가지고 '나는 크리스천이다'라고 하는 것에 여러분은 해명을 하고 책임감을 느껴야 합니다. 여러분이 크리스천이라고 하는 그 이름으로 세상적인 일을 할 때 많은 사람이 거기에 오해를 하고 시험에 들 수 있습니다.

좀 더 나아가서 우리는 사랑의 개념을 짚고 넘어가야 될 줄 아는데 사랑은 부드러운 것이 결코 아닙니다. 모든 것을 용서해 주고 모든 것을 사랑해 주고 포용해 주는 것, 지나치게 부드러운 것, 이것은 사랑이 될 수가 없습니다.

요한복음에 흐르는 맥락은 그리스도의 은혜와 진리에 대해서 이야기하고 있습니다. "내가 그 독생자의 영광을 보니 은혜와 진리가 충만하더라." 은혜와 진리라고 하는 것은 부드러움과 강직한 것, 진리라고 하는 것은 곧을 수밖에 없습니다. 자로 재는 것이기 때문에 짧을 수밖에 없습니다. 그것이 진리입니다. 그런데 은혜가 있고 진리가 함께 공존하는 것이 사랑입니다. 모든 것을 사랑한다고 하면 그것은 모든 것을 사랑 못 하는 겁니다. 어느 정도의 line이 있어야 합니다. 어떤 하나의 dead line이 있어서 그 선에 들어와야만 우리는 사랑할 수 있는 우리 스스로의 사랑의 개념을 정의할 필요가 있습니다.

이런 이야기가 생각이 납니다. 한 아들이 많은 죄를 지어 사형을 당하는 시간에 어머니가 찾아옵니다. 그래서 사형을 집행하는 교도관이 아들에게 마지막 할 말을 어머니에게 하라고 했을 때, 그 아들은 그 어머니와 함께 마지막 이별의 키스를 했다고 합니다.

이별의 키스를 하면서 그 아들이 어머니의 입술을 깨물고 맙니다. 그래서 어머니의 입은 피범벅이 되고, 주위의 모든 교도관이나 사람들은 저렇게 나쁜 사람은 죽일 수밖에 없다고 하면서 빨리 죽이라고 할 때 그가 다시 이렇게 말합니다. '내가 오늘 여기에 이렇게 사형 집행을 언도받은 것은 바로 저 어머니의 죄 때문에, 어머니 때문에 내가 이렇게 됐다.'고 이야기합니다. 내가 어렸을 때 이웃집에 갔을 때 아주 아름다운 장난감이 있었는데 그것을 가지고 왔을 때 어머니가 나를 꾸짖어 주고 나를 책망하고 나를 용서하지 않고 벌을 주었다면 오늘날 내가 이러한 죄를 짓지 않았을 거라고 말입니다. 어머니가 나를 이렇게 만들었다고 하면서 어머니에게 하소연하는 장면을 생각해 봅니다.

여러분에게 친구나 또 선생님이나 누군가가 우리의 잘못을 지적해 줄 때, 우리는 행복합니다. 뭐든지 방임하고 뭐든지 포용해 줄 때, 그것은 사랑이 될 수도 없고 무질서 속에 서로가 망하게 됩니다. 좀 더 나아가서 사랑의 개념은 소유욕이 아닙니다. 내가 갖는 것이 사랑이 아닙니다. 나는 저 사람을 독차지하고 싶다. 어머니의 사랑을 나만이 받고 싶다고 하는 것은 사랑이 아니라 도가 지나친 것이 됩니다. 서로가 공유하는 것이 사랑입니다. 혼자만이 갖고자 하는 것, 이기적인 마음 이것은 사랑이 될 수가 없습니다. 이러한 개념 속에서 아침이라고 하는 개념은 새롭게 의식이 맑을 때, ―물론 조금 지난 시간이긴 하지만—의식이 깨일 때가 바로 아침입니다. 그리고 의식이 무의식 세계로 접어 들 때가 깊은 밤입니다. 아침과 밤, 깨어 있는 이 시간과 무의식 세계로 들어가는 시간에 우리는 이렇게 말해야 될 줄로 압니다. 아침에 일어나서 긍정적인 말, 사랑의 말을 해야 합니다. 바로 옆에 있는 사람에게 사랑의 고백을 하고 그리고 모든 사물을 바라보면서 사랑스러운 마음으로 사랑을 고백해야 합니다. 저희 집엔 붕어가 열두 마리가 있었는데 몇 마리가 죽고, 한 마리 한 마리씩 죽을 때 굉장히 마음이 아팠습니다. 일곱 마리가 아주 씩씩하게 잘 자라고 있습니다. 아침저녁으로 붕어 밥을 주는데 그들이 말을 하는 것 같고, feeling이 와 닿기를 밥을 달라고 외치는 것 같고 또 집에 들어가면, 놀고 있다가 내가 집 안으로 들어가면 반가워서 나에게로 막 달려드는 것 같기도 합니다. 그리고 나는 붕어가 듣든지 안 듣든지 이야기를 합니다. 집에 오늘 별일이 없었냐고 이야기도 하고 뭐가 먹고 싶으냐고 얘기도 하고—주는 건 똑같지만— 그들과 이야기를 할 때 그들이 뭔가 느끼는 것 같습니다. 그러면서 굉장히 잘 크고 있고, 먹음직스럽진 않지만, 너무 예쁘게 붕어가 굉장히 많이 자랐습니다.

여러분, 자연들도 우리의 음성을 듣고 우리의 느낌을 함께 공유할 수가 있습니다. 하물며 사람들은 우리가 말 한 마디를 아침에 어떻게 듣느냐에 따라서 삶이 변화될 수 있습니다. 부모님은 자녀들에게 아침부터 '일어나라' 하는 싫은 소리보다도 일어나자마자 그 자녀를 품에 안고 '내가 너를 사랑한다. 오늘도 승리하기 바란다.' 이렇게 이야기할 때 그 자녀는 굉장히 훌륭하게 자랄 줄로 압니다. 잠자리에 들 때 우리는 기도하는 습관을 길러야 되는데, 잠자리에 들 때는 무의식 세계이기 때문에 악한 영과 다른 것이 자꾸 지배하고 쓸데없는 생각이 들 때가 많습니다. 그때 우리는 자녀의 손을 잡고 또한 부모님과 함께 손을 잡고 조용히 기도를 하고 하나님께 감사를 하고 내일을 기대하면서 잠자리에 들 때 그 삶이 굉장히 놀랍도록 바뀔 수밖에 없습니다.

좀더 나아가서 우리는 사랑의 끝을 생각하면서 살아야 될 줄로 압니다. 모든 일에는 끝이 있습니다. 지혜로운 자는 자기의 미래를 바라보면서 삽니다. 지혜로운 자는 내일이 있습니다. 지혜로운 자는 오늘보다는 내일을 더 생각하면서 삽니다. 내일이 더 깊이 흘러서 우리에게 끝이 옵니다. 그 마지막 끝에, 이제 우리는 하나님과 만날 수밖에 없는 운명에 처할 때가 옵니다.

언젠가는 하나님과 내가 일대일의 단독적인 만남을 할 수밖에 없습니다. 요한이 쓴 기록에는 요한이 쓴 이름을 찾아볼 수가 없는 것이 또 하나의 특징입니다.

요한이 예수님을 따라다니면서 인격적으로 점점 성숙을 합니다. 아주 놀랍게 성숙하고 어느 경지에 올랐을 때는 자기 이름이 없어집니다.

그래서 요한복음 어디를 들춰 봐도 요한의 이름이 없습니다. 자기를 나타내질 않습니다. 그전에는 명예욕이 있었고 권력욕이 있었고 '나'를 나타냈던 그 사도 요한이 이제 그리스도와 함께 성숙하고 아주 귀한 인격으로 변화되었을 때에는 자기 이름이 없어지고 겸손하고 온유한 성품으로 바뀝니다.

그래서 예수님의 사랑을 가장 많이 받았던 사람이 바로 이 사도 요한입니다.

그가 마지막으로 우리에게 주는 귀한 진리는 서로 사랑하지 아니하면 마지막 만나야 할 하나님을 볼 수가 없다는 것입니다.

사랑은 생명입니다. 사랑은 성장입니다. 생명과 성장이 계속할 수 있는 원동력이 바로 사랑이며 사랑은 상대방의 허물을 덮어 주는 겁니다.

나에게도 허물이 있고 상대에게도 허물이 있기 때문에 허물을 덮어 주는 것이 바로 아름다운 사랑입니다.

그가 이제 자기 이름을 감추면서 요한계시록에 나타난 그 사도 요한의 모습을 볼 때는 섬에서 유배되어 외롭게 하나님을 바라보면서 그가 인류의 마지막에 대해서 기도하고 있습니다.

마지막 인류의 끝이 어떻게 될 것인가를 환상 중에 보여주시는 하나님의 역사를 계시록에, 아름답게 구절구절 쓰고 있는 사도 요한의 모습을 볼 수가 있습니다.

하나님을 만나는 길은, '하나님은 사랑이시다'라는 말 속에서 우리는 하나님을 만날 수가 있습니다. 문호가인 톨스토이는 이렇게 말합니다. "사랑이 있는 그곳에 하나님이 함께 거하신다."라고!

애통하는 자 ●

영국의 대정치가인 윈스턴 처칠 경이 한 말 중에 우리에게 의미 있는 말을 한 것이 있는데 그것은 '인간의 문제이면서 인간이 해결할 수 없는 것은 고통과 슬픔 그리고 죄와 죽음의 문제'라고 말한 것입니다.

인간의 문제나 고통을 보면 어떤 고통의 바다와도 같다고 할 수 있습니다. 고통이 끊임없는 망망대해로 흐르는 것 같이 여러분 눈앞에 와 닿으리라 생각합니다. 여러분 중에서 인생을 한번쯤 생각해 보았던 사춘기를 겪으신 분도 있고, 또 지금 사춘기 중에 있는 분도 있고, 또 아직 사춘기를 안 겪은 사람도 있을지 모르겠습니다. 여러분이 많이 보셨을 영화 '행복은 성적순이 아니잖아요'라는 그 영화를 다시 한 번 보면서 영화 속에 나오는 자살한 '은주'라고 하는 어린 학생을 보면서 남의 문제가 아니며, 저도 그러한 과정을 겪었고 여러분도 그러한 과정을 겪고 있다고 생각을 합니다.

그런데 우리가 꼭 잊지 말아야 할 것은 오늘날 많이 대두되고 있는 이 자살의 문제가 우리 기독교적 입장이나 또한 기독교적인 것을 떠나서 보아도 그것은 엄청난 죄이며 죄악입니다. 더 나아가서는 가장 비겁한 행위가 자살이라고 말할 수 있습니다. 본인 혼자 죽는 것으로 끝나는 것이 아니라 그 주위의 많은 사람들의 가슴에 못을 박고 가는 그러한 아픔의 모습이라고 생각을 합니다. 어디를 보아도 사실 이러한 고통의 문제가 굉장히 역설적이고 우리 기독교적 입장에서 볼 때 의미 있는 말씀을 던져 주고 있습니다. '기뻐하는 자에게 위로가 있고 기쁨이 있는 것이 아니라 애통하는 자에게 복이 있나니 그들이 위로를 받을 것이라'고 말하고 있습니다. 애통이라고 하는 것, 그것은 공동번역을 보면 '애통하는 자'를 '슬퍼하는 자'라고 표현하고 있습니다. '슬퍼하는 자는 복이 있나니 저희가 위로함을 받을 것이라'고 말하고 있습니다.

애통이라고 하는 것에 대해 바클레이라고 하는 성경학자가 표현하기를, 두 가지로 보는데 하나는, 남이 아파하고 남이 고통당하는 것을 함께 아파하는 것, 다시 말하면 공감하는 것, 이것을 애통하다고 표현하고 있습니다. 또 하나는, 자기의 허물, 자기의 더러움, 자기의 부족함을 바라보면서 아파하고 슬퍼하는 것을 애통이라 표현하고 있습니다. 그렇다면 우리 기독교는 굉장히 역설적입니다. 다시 말하면 기뻐하는 자가 복이 있고 즐거워하고 행복해야 하는데 기독교는 거꾸로 슬퍼하는 자에게 복이 있다고 말하고 있습니다.

일반적으로 우리가 볼 때 슬퍼하는 것에는 여러 가지가 있겠지만 현대인들이 당하는 오늘날의 슬픔, 일반적인 슬픔이 있습니다. 우리가 그것을 다른 데서 찾을 수도 있겠지만 성경으로 돌아가서 보면 대표적인 사람으로 솔로몬을 들 수 있습니다. 솔로몬이 지은 대표적인 성경은 잠언입니다. 잠언에 보면 솔로몬의 아름다운 지혜의 구절들이 많이 있습니다. 물론 다 솔로몬이 지은 것은 아니지만 솔로몬의 잠언에 보면 이런 말씀들이 나옵니다. "너희들이 잔칫집에 가는 것보다는 초상집에, 상갓집에 가야만이 지혜로운 자이다."라고 말하고 있습니다. 정말 지혜로운 자는 기뻐하는 자와 함께 기뻐하기보다는 슬퍼하는 자와 함께 슬퍼하고 아파하는 자와 함께 아파하고 고통당하는 자와 함께 고통당하는 자라고 볼 수가 있습니다.

성경에서 하나님의 사랑을 가장 많이 받은 사람은 다윗이라고 볼수가 있습니다. 다윗이라는 말이 성경에 무려 8백 번이나 나옵니다. 신약에서도 '다윗의 자손'이라는 말이 수없이 나오고 구약 어디를 보아도 다윗이라는 말은 끊임없이 나옵니다. 그런데 다윗은 그렇게 훌륭한 사람이 아니었습니다. 물론 하나님의 은혜 가운데 다윗이 다윗답게 됐지만 그가 다윗답게 됐던 결정적인 이유가 있습니다. 그가 하나님 앞에서 우리야의 아내를 범하고 죄를 짓고 그리고 그 다음에 자기의 잘못과 허물을 깨닫고 날마다―비유가 너무 과장될지 모르지만 사실적으로 보면―자기 눈물이 침상을 적셔서 둥둥 뜰 정도로 밤마다 눈물을 흘리며 애통했던 다윗을 볼 수 있습니다. 그곳에서 다윗의 다윗 됨을 볼 수가 있습니다. 시편 6편이나 42편을 보면 다윗의 애통함의 구절이 절절히 흘러나오고 있습니다.

그런데 문제는 그 슬퍼함을 당할 때 우리가 얻어 가는 진리가 있다는 것입니다. 그것은 첫째, 슬퍼함을 당할 때 나 자신을 발견할 수가 있습니다. 내 자신이 누구인지를 모르고 생활하다가 어떤 결정적인 슬퍼함에 직면했을 때 자기의 자기 됨을 알 수가 있습니다. 내가 어떠한 사람이었구나, 내가 이러한 사람이었구나 하는 것을 그때야 알 수가 있게 됩니다. 사도 바울은 자기가 최고인 줄 알았는데, 자기의 자기 됨을 결정적으로 언제 발견하냐며는 자기에게 육체적인 가시, 사탄의 가시가 있음으로 말미암아 그것을 위해 간절히 기도하고 애썼지만 그것을 하나님이 들어주시지 않았습니다. 그러나 그로 인하여 사도 바울이 자기의 자기 됨을 발견하고 또 기뻐하고 '내가 약한 중에 더 감사하다'고 하는 놀라운 은혜를 체험하게 됩니다.

또 하나, 슬퍼함을 당할 때 얻어지는 것은, 진실한 친구를 얻게 됩니다. 여러분은 친구들이 많이 있을 거라 생각됩니다. 수첩을 꺼내놓고 펜을 들고 여러분의 친구를 적어 보십시오. 같이 떡볶이를 먹었던 친구, 같이 빙수를 먹었던 친구, 여러 가지 추억의 이름을 쭉 적어 보십시오. 그러나 여러분의 친구 중 진실한 친구는, 여러분이 어려움에 처했을 때, 여러분이 가장 힘든 위치에 처했을 때, 여러분 곁에 있는 그 친구가 가장 훌륭한 친구이고 진실한 친구입니다.

어려움을 당할 때 떠나는 친구는 우리가 오래 사귀어야 할 친구는 될 수 없습니다.

더 나아가서 슬픔을 당할 때 발견하는 것 중의 하나는 우리가 하나님을 올바르게 볼 수 있다는 겁니다. 애통하는 자가 공통되게 느끼는 것은 하나님과의 관계가 올바르게 형성된다는 것입니다.

고난을 통해서 자기의 자기 됨과 하나님의 하나님 됨을 바라보면서 하나님을 올바르게 만나게 됩니다.

좀더 나아가서는 우리의 그 애통의 의미는 자기 자신에 대한 애통함이 있어야 한다는 겁니다. 내가 나를 바라보면서 애통함이 있어야 됩니다. 그저께 같은 직장에서 근무하는 동료의 어머니가 아프시다고 해서 세브란스 병원에 갔었습니다. 굉장히 젊으신 어머님인데 그냥 위가 조금 아프고 장이 좀 아파서 입원한 줄 알았는데 암이라는 판명을 받게 됐습니다. 온몸이 암으로 꽉 차 있어서 손을 댈 수가 없다고 했습니다. 그런데 그 어머니는 얼굴이 환하게 빛나셨습니다. 그러면서 어머님께서는 아름다운 말씀을 하셨습니다. "내가 이렇게 아픈 것은 내가 기도하지 않았기 때문이지만 아프고 난 후 나는 하나님을 올바르게 만났다."고 말입니다. 그분은 목사님의 사모님이셨습니다. 늘 기도하는 것처럼 보였지만 그의 마음속 깊은 곳에 그 아픔이 오고 난 다음에 그가 발견한 것은 '내가 이제 하나님을 만났다'는 것입니다. 또한, 그의 얼굴에서 곧 돌아가실 분인데도 불구하고 환하게 빛나는 그러한 모습을 발견했습니다.

자기 자신에 대한 애통함에 있어서 첫째 되는 것은 형제와 화해하지 않고 예배를 드리는 것, 우리는 이것을 애통해 합니다. 여러분 중에도 예배를 드리러 왔는데 언니 오빠와 싸운 사람도 있겠고 또

형이나 누나와 싸우고 앉아 있는 사람이 지금 있을지도 모릅니다. 또한 교회에서 같이 다툼으로 인해 친구와 사이가 안 좋은 관계로 예배드릴 수 있을지 모르겠습니다. 그러나 성경은 그것을 허물고 그것을 애통해 해야 한다고 말하고 있습니다. 또 나아가서는 애통이라고 하는 것은 외식하는 생활이라고도 말합니다. 외식이라고 하는 것은 여러분이 집에서 식사 안 하고 밖에서 식사하는 것을 외식이라고 말하는 것이 아니라 '다른 뜻으로 가면'이라는 뜻입니다. 우리 사람들은 여러분에게도 저에게도 가면이 있습니다. 집에서 쓰는 가면이 있고 여러분이 학교에서 쓰는 가면이 있고 교회에서 쓰는 가면이 있을 줄로 압니다. 그러나 정말 훌륭한 사람은 집에서나 가정에서나 학교에서나 또 나아가서는 교회에서나 똑같은 가면을 써야 합니다. 아니 그 가면이 없어야 합니다. 학교에서나 가정에서나 교회에서나 여러분이 어디를 가든지 여러분의 얼굴을 그대로 지키고 간직해야 합니다. 가면을 쓰는 것, 이것을 우리는 외식이라고 말할 수 있습니다. 자기가 가면을 쓰고 있다고 생각을 하면은 그것으로 인하여 우리는 애통하고 아파해야 될 줄 압니다. 더 나아가서는 자기 허물이 있는데 남의 허물을 바라보면서, 남의 티를 바라보면서 자기의 들보를 아파하지 않는 것, 이것 또한 허물이고 이것 또한 우리가 버려야 될 것으로 압니다.

증자라고 하는 사람은 "사람은 하루에 세 번씩 자기를 돌이켜 보아야만이 진정한 사람이 된다."고 했습니다. 여러분은 하루에 여러분 스스로를 얼마만큼 바라봅니까? 한 번만이라도 여러분 스스로 자기를 거울에 비춰보면서 '내가 어떠한 사람인가?' 생각하는 사람은 그래도 성숙한 신앙인이 될 수가 있습니다. 성숙한 신앙인이 되는 것은 우리가 외식적·외형적인 것이 아니라 내면적으로 성숙한 신앙인이 되어야 이룰 수 있게 되는 것입니다. 다시 말하면 내적인 성장이 계속 이루어져야 한다는 것입니다. 이것이 진정한 의미에서의 종교인이고 크리스천이고 기독인인 것입니다.

더 나아가서 우리는 이제 세상을 바라보면서 애통해야 합니다. 여러분은 열심히 공부만 하지 마시고, TV를 볼 때 꼭 보아야 할 것이 있습니다. 여러분은 뉴스를 꼭 봐야 합니다. 오늘날에 세상이 돌아가는 뉴스를 보지 않고는 여러분이 아무리 공부를 해도 그 공부는 별로 유용된 공부가 될 수가 없습니다. 현실을 떠나서 허공에 뜬 공부를 열심히 해 봐야 그것은 아무런 의미가 없습니다. 여러분이 공부하다가 9시가 딱 되면 TV 앞에서 30분 동안 TV를 보시기 바랍니다. 그런데 막연히 보지 말고 왜 이 세상이 이렇게 시끄럽고 어려울까 하면서 수첩을 가지고 여러분의 하루 생활을 적었으면 합니다. 오늘 아팠던 일들, 괴로웠던 일들, 세상이 시끄러웠던 일들을 수첩에 적어놓고 여러분이 공부하다가 한 번씩 기도를 해야 합니다. 이 나라가 이렇게 시끄럽고 어지러운데 앞으로 나 자신이 이 나라를 위해 할 일은 무엇이며 지금 당장 나라를 위해 해야 할 일은 무엇인지 주께서 가르쳐 주시길 바란다고 기도를 해야 합니다.

대표적인 사람이 바로 눈물의 선지자인 예레미야입니다. 예레미야는 그 나라의 부패하고 썩어 가는 것을 보면서 눈물을 흘리고 통회하고 자복하고 자기의 죄를 발견하면서 아파하고 애통해야 했습니다. 우리 젊은 학생들이 우리나라를 바라보면서 애통해 할 필요가 있습니다. 이 나라를 짊어질 하나의 엘리트가 되어야 하고 이 나라의 일꾼이 되고 이 나라의 주인이 되어야 합니다.

제가 존경하는 사람 중의 한 사람이 영국의 52대 총리로 뽑혔던 존 메이저라고 하는 재상입니다. 「존 메이저」라는 책을 읽으면 존 메이저의 훌륭한 점을 많이 접할 수 있습니다. 책을 통하여 여러분의 삶의 지표를 굳건히 세우게 되길 바랍니다.

존 메이저의 아버지는 서커스단 단원이었습니다. 그의 아버지가 서커스를 하면서 많은 세상 경험을 한 다음에 그가 가진 경험담들을 아들에게 이야기해 주었습니다. 나이가 들어서 아버지가 앞을 못 보는 소경이 됐을 때 그 메이저와 함께 공원을 거닐면서 그에게 여러 가지의 인생 경험담을 이야기해 줬습니다. '인생은 이런 것이다' 하면서 여러 가지를 이야기해 줬는데, 그것이 그의 삶의 커다란 지표가 되었고 그의 삶을 오늘의 메이저로 변화시킨 원동력이 되었습니다. 영국에 비전이 있다면, 아마 정말 빈민가에서 눈물을 흘리며 눈물이 묻은 빵을 먹었던 그 수상이 총리가 되었기 때문에 영국은 영국답게 다시 한 번 승리하리라 믿습니다.

그런데 그가 남긴 여러 가지 얘기 중에 그의 아버지가 가르쳐 주셨던 세 가지의 지표가 있습니다. 하나는 치우치지 말 것, 어딘가 치우쳐서 우왕좌왕하지 않고 중립을 지키면서 자기의 길을 가라고 가르쳐 주신 것이고, 또 하나는 무엇을 하든지 어떠한 일을 하든지 최선을 다하라고 가르쳐 주신 것입니다.

마지막으로 그 아버지가 가르쳐 주셨던 것은 무엇을 하든지 순수할 것. 이중적인 행동이 아니라 순수하고 깨끗하고 정결한 행동을 하라고 가르쳐 주셨습니다. 이 세 가지가 빈민가에서 고생했던 존 메이저가 오늘날 영국의 총리로 등장했던 그러한 아름다운 말씀이기도 합니다.

우리가 당하는 어려움, 우리가 당하는 고통, 거기에 성경은 이렇게 말합니다. "애통하는 자는 복이 있나니 저희가 위로함을 받을 것임이요." 위로라고 하는 것은 성령의 돌보심을 받는다는 뜻입니다. 위로라는 뜻은 영어 성경에 보면 'Comforter', 위로자라는 말로 표현하고 있습니다. 애통하는 자, 자기를 바라보면서 애통하고 세상을 바라보면서 애통하고 이 세상이 자기의 전체이고 공동체라는 의식을 가지고 여러분이 늘 아파하는 이것이 여러분의 중심이고, 여러분의 인격을 완성시켜 주리라 믿습니다.

'애통하는 자는 복이 있나니 저희가 위로함을 받을 것임이요.'

기쁨의 삶

이 세상에서 참기 어려운 고통이 여러 가지가 있겠지만, 특별히 오늘날 우리가 갖고 있는 아픔이라고 한다면, 또 가장 참기 힘든 것을 들라면 아마 자기 홀로 있다고 하는 자기만이 이 세상에서 존재한다고 생각하는 그러한 고독감이 우리들의 모습 속에서 참기 어려운 하나의 아픔이라고 생각합니다. 어떤 철학자는 이렇게 이야기합니다. 인생에 대해서 이야기를 하면서 그가 우리에게 준 또 하나의 마음속에 공감하는 것 중의 하나는 인생을 하나의 허공과 같은 그리고 정리되지 아니한 듯 그리고 잘 모르는 곳에 내동댕이쳐진 그러한 모습으로 인간을 비유하고 있습니다. 마치 여행을 하다가 기차를 타고 가다가 낯선 곳에 아무도 나를 알지 못하는 그곳에 내동댕이치고 어디를 가야 될지 또 어디로 가야 할지 또 무엇을 해야 될지 모르는 그러한 우리 모습이 바로 우리의 고독의 모습이요 또한 우리 현실의 문제요 우리의 아픔이요 우리가 겪어야 할 과정이라고 생각을 하게 됩니다.

우리, 흔히 인간은 사회적인 동물이라고 합니다. 그렇기 때문에 여러분이 혼자 저 깊은 산중에서 또 혼자서 살면서 이 사회를 등지고 살 수는 없습니다. 계속적으로 누군가를 만나야 합니다. 오늘도 지금 여러분은 많은 친구들을 만나고 있고 선생님을 만나고 있습니다. 태어나면서부터 여러분의 엄마, 아빠를 만나고 친구들을 만나고 또한 자기와 평생을 같이할 배우자를 만나고 계속적으로 사람들을 만나면서 살고 있습니다. 그런데 이 만남 속에서 올바른 관계 형성을 못 할 때 우리는 사회적인 동물에서 제외되고 사회에서 낙오가 되고 이 사회에서 흔히 이야기하는 쓸모없는 존재로 전락을 하고 맙니다. 현대인의 고민이 바로 여기에 있습니다. 관계를 기피할 수도 없고 안 할 수도 없고, 한편에서는 혼자 살고 싶은 마음이 있고, 나만의 세계를 갖고 나만의 말을 하고 나만의 독특함을 갖고 살기를 원하지만 주위에서는 그것을 원하지 않고 있습니다. 제도라고 하는 것에, 학교라는 틀에 매이기도 했고 그곳에서 선생님의 지시를 받아야 되고 학교의 규칙을 따라야 됩니다. 또한 대한민국이라고 하는 분단된 조국 남한에 태어나서 여기에 따른 법을 따라야 합니다.

그와 마찬가지로 사람은 혼자 살 수 없기에 자그마한 곳이든 커다란 곳이든 우리는 계속적인 관계와 사회성을 가지고 이 사회에서 살고 있습니다.

그리스도인으로서 갖춰야 할 rule이 있고, 기독교인으로서 갖춰야 할 도덕성이 있고 윤리성이 있습니다. 그것이 무너질 때 그것이 허물어질 때 그것을 무시할 때 우리는 기독교인이 아니라고 말하기도 하고 기독교인의 자격이 없다고 이야기하기도 합니다.

좀더 나아가서 오늘날 갖고 있는 많은 문제들 중에 우리가 고민하면서 함께 겪어야 할 문제는 이 고독함 속에서 기쁨을 모르고 사는 우리의 삶 속에서 많은 것을 잃어버렸다는 것입니다. 그중 소중한 것 하나를 잃어버렸는데 그것은 바로 신뢰성입니다. 지금 많은 사람들의 만남이 계속되고 있는데, 가정에서도 그렇고 부부의 관계에서도 그렇고 또한 친한 친구와의 관계에서도 그렇고 신뢰성을 상실하고 말았습니다. 서로가 서로를 못 믿는 시대에 살고 있기 때문에 이 사람이 나에게 이야기를 해도 그 이야기를 그대로 받아들이고 그대로 수용하는 순진한 시대는 지나가고 지금은 '왜 이 사람이 이런 말을 하는 것인가.' 하며 그 말을 순수하고 깨끗하게 받아들이는 것이 아니라 그 말을 왜곡해서 받아들이고 또한 그 말이 왜곡돼서 나한테 돌아올 경우가 우리의 주위에 많이 있습니다. 여러분 한번 스스로에게 물어봅시다. 여러분이 여러분을 지도하는 학교 선생님을 정말 존경하고 정말 진실한 마음으로 깨끗한 마음으로 그분을 사랑하고 그분이 나의 선생님이라고 믿고 따르는 사람이 몇 명이나 있는지 마음에 손을 얹고 한번 깊이 반성을 해 보십시오. 정말 신뢰성을 가지고 존경할 그러한 선생님들이 우리 주위에는 없기도 하고 또한 그렇게 따를 학생들도 제자들도 찾아보기가 힘든 시대에 살고 있습니다. 마치 녹음기와 같이 지식을 전달해 주는 교사로 전락돼 있고, 정말 스승의 모습을 찾아볼 수 없는 그러한 모습을 봅니다. 더 나아가서는 가정에서도 '나는 정말 우리 엄마와 같이 훌륭한 엄마가 되겠다.' 또 '나는 우리 아빠와 같이 정말 이 사회에서도 이 가정에서도 가장 필요한 그런 사람이 되겠다.'라고 생각하는 남학생과 여학생을 한번 비교해 볼 때 몇 명이 있을지 모르겠습니다.

여러분 마음속에 '나는 정말 우리 엄마와 아빠를 정말 신뢰하고 존경합니다.'라고 새겨지고 믿을 수 있다면 그 가정은 정말 행복한 가정입니다.

부유하고 돈이 많은 것으로 잘산다고 볼 수는 없습니다. 정말 잘 사는 동네는 저 시골에 있는 조그만 초가집이라고 할지라도 또한 조그만 산속에 파묻혀 있는 집이라 할지라도 그 속에 정이 있고 신뢰감이 있고 서로의 따뜻함과 믿음이 있을 때 그것을 가리켜 행복한 가정이라고 할 수 있습니다. 정말 아름다운 교회는 몇 십 억을 들이고 몇 백 억을 들여서 아름다운 교회당을 짓는 것이 아름다운 교회가 아니라 그 조그만 교회 속에서 하나님을 믿고 따르는 공동체 속에 믿음이 있고 사랑이 있고 정말 신뢰감이 그 마음속마다 부풀어 있을 때 그 교회가 모양이 없다 할지라도 그 구성인원이 많지 않다 할지라도 아름다운 교회라고 볼 수가 있습니다. 하나님과의 만남 속에서도 하나님을 정말 믿고 신뢰하고 진실한 마음으로 깨끗한 마음으로 따르는 그 사람을 가리켜서 우리는 아름다운 그리스도인이라고 부를 수가 있습니다.

우리는 어디에 서 있습니까? 정말 우리가 믿고 따르는 우리를 위해 대속해 주신 그리스도를 우리가 정말 신뢰하고 있는지 생각해 봅시다. 결정적인 순간에 갔을 때 우리를 위해 대속해 주신 그리스도를 우리가 정말 신뢰하고 있는지 생각해 봅시다. 결정적인 순간에 갔을 때 우리가 그분을 믿고 그분에게 나의 모든 것을 전적으로 의탁할 마음의 준비가 되어있는지 현대를 살아가는 우리의 모습 속에 함께 고민해 보아야 할 문제라는 생각이 듭니다. 우리가 꼭 잊지 말아야 할 것 중의 하나는 수많은 컴퓨터를 다 모아 놓고 그 컴퓨터의 온갖 기능을 다 조작한다 할지라도 컴퓨터의 그 기능이 우리 인간의 머리 하나를 따라올 수가 없다는 것입니다.

그런데 우리는 사소한 숫자놀음에 그것을 신뢰하고 있고, 정말 믿어야 되고 신뢰해야 되고 사랑해야 할 소중한 인간과 인간의 만남 속에서는 신뢰감과 사랑을 많이 상실하고 있는 것을 보게 됩니다.

더 나아가서는 그러한 자들의 마음속에 절망이 있고 고독이 있습니다. 좀 더 나아가서는 그들의 마음속에 도덕성이 상실되기 시작했다는 것입니다. 정말로 인간을 인간의 모습으로 바라보지 않고 하나의 도구로 바라보고 하나의 물질세계 속에서 자꾸 바라보다 보니까 인간의 도덕적인 모습이 인간의 윤리적인 모습이 끝없이 우리 사회 속에서 타락하고 있습니다. 이것이 우리 젊은이들이 갖는 하나의 아픔이라고 생각합니다.

역사적인 정황을 살펴보면 역사상에도 그랬고 또 글에 나온 여러 사람들을 볼 때 12년 동안 혈우병으로 앓았던 한 여인이, 그 당시의 상황으로 돌아가 보면 그렇게 처절하고 그렇게 비참할 수가 없었습니다. 지금은 의학이 발달해서 그 여인을 쉽게 고칠 수 있고 쉽게 나을지도 모르지만 그 당시는 특별히 그 나라의 문화에는 물이 귀했습니다. 물도 없고 옷이라고 한다면 많은 사람들이 옷 한 벌을 오랫동안 입기 때문에 거의 빨 수도 없습니다. 몸에서는 피가 흐르고, 한 여인이 가정도 잃어버리고 친구도 잃어버리고 아마 결혼을 했다면 그 남편도 떠난 것 같습니다. 홀로 외롭게 고독했던, 모든 사람으로부터 차단되고 고독하고 아주 깊은 수렁에 빠져 있던 한 여인이 있었는데, 그 혈우병에 걸렸던 여인은 모든 절망으로부터 좌절하고 아마 자살하고 싶은 마음도 몇 번 있었을 것 같습니다.

그런데 어느 날 그에게 새로운 비전이 생겼습니다. 하나의 희망이 있었는데 그것은 예수 그리스도를 만난다는 한 가닥의 희망이었습니다. 그 희망을 가지고 소문을 듣고 따라온 많은 사람들의 무리 속에 깊이 파묻혀 있던 그 여인은 많은 사람이 밀기 때문에 그분이 누구인지 또 그 사람이 누구인지 알지 못했지만 혈우병에 걸린 이 여인의 마음속 깊은 곳에 하나의 확신이 있었습니다. '나는 지금 비록 고독하고 모든 사람으로부터 버림받고 이 사회에서 쓸모없는 존재일지 모르지만 저분의 옷자락을 만지기만 하면, 그분의 옷자락에 손만 대면 나는 분명히 이 앓고 있던 병이 나을 것이다.'라는 희망을 가지고 한 걸음씩 한 걸음씩 두려운 마음으로 주님을 향해서 나아가기 시작했습니다. 가까이 갔을 때 경건한 마음과 두려운 마음으로 떨리는 마음으로 예수님의 옷자락을 뒤에서 만졌더니, 그 즉시 그 여인은 깨끗이 나음을 받고 자기의 원래의 모습으로 돌아갔습니다. 그런데 여기서 또 하나의 이상한 장면이 나타나는데 분명히 그 당시에는 많은 사람들이 예수님을 둘러싸고 있었습니다. 그런데 유독 그 여인이 손을 대자마자 예수님은 뒤를 돌아보면서 누군가가 내 옷에다가 손을 댔다고 찾기 시작합니다.

그때 사실 베드로는 퉁명스런 말로 "많은 사람들이 당신을 밀고 당신을 만지고 있는데 유독 왜 지금 그 말을 하냐."고 이야기를 합니다. 그러나 예수님은 아니라고 부인하면서 지금 누군가가 나를 만졌고 누군가가 나와 관계된 사람이 있다는 것을 밝히면서 뒤를 돌아볼 때 그 여인은 무릎을 꿇고 자기의 자기 됨을 고백하게 됩니다. 그때 예수님은 아주 아름다운 말을 하십니다. 여인에게 "이제 네 믿음이 너를 구원하였으니 이제 너는 돌아가라"고 그에게 자유 됨을 선포합니다. 그 여인은 그 시간 그 광경과 그 절정에 이르는 아름다움의 기쁨을 평생 잊지 못하고 그 소중하고 아름다운 소식을 가지고 어느 길모퉁이에서 그 예수님이 자기의 병을 고쳐 주었던 그 사실을 평생 전도를 하고 간증하면서 살았다고 하는 아름다운 간증이 있습니다.

그 당시의 문화로 다시 돌아가 보면 많은 문헌들이 나오지만, 군대에 갔던 남자들이 아내에게 보냈던 편지에 보면 이러한 글이 있다고 합니다. "내가 군대를 떠날 때에는 당신이 임신을 했고 지금은 아기를 낳았을 텐데 그 아기가 아들이거든 살려두고 딸이거든 버리시오." 그 당시 문화로 들어가면 성경에 나오는 많은 숫자들이 있는데 그 숫자에는 여자의 수가 들어가지 않습니다. 아주 훌륭했던 여인의 이름들은 간혹 기록이 되고 있으나 전체 수로 포함될 때는, 여자는 그 수에 들어가지 않고 남자들, 더욱이 장정들만 그 수에 들어갔던 것을 볼 수 있습니다. 그러한 정황을 오늘의 시대로 짐작해서 살펴볼 때, 오늘 많은 상황의 부딪침을 통해 많은 사람들이 있는 것 같지만 그 군중 속에서 우리는 홀로 외롭게 서 있는 우리들의 모습을 보면서 깊이 반성해야 될 줄로 압니다. 그 고독함과 그 외로움과 그 아픔을 채워 줄 수 있는 유일한 분이 한 분 계신데, 그분은 예수 그리스도이십니다. 아마 그러한 경험을 여러분이 해 보셨는지 모르겠습니다. 예수님을 처음 믿었을 때의 기쁨과 소중함이 마음속에 있을 때 얼마나 그 마음이 기쁘고 그 순간이 얼마나 찬란하고 그리고 그 마음이 계속 유지될 때 그분의 삶이 얼마나 아름답게 연결되는지를 우리는 이 시간 한번 생각해 보았으면 합니다.

며칠 전에 밤늦게 공항에 갔었습니다. 김포공항에 가서 일을 보면서 여러 가지 생각을 했습니다. 그 공항 출구를 통해서 나오고 많은 사람들이 공항으로 들어가고 그런 가운데 너무나 바쁜 많은 사람들을 보면서 우리들의 삶 속에서 지금도, 앞으로도 그렇겠고 바쁜 와중에서 우리는 무언가를 잊고 살고 있지 않나 하는 그러한 생각을 하게 됐습니다.

MBTI라고 하는 성격검사를 해 보면, 여러 가지의 성격의 분류가 나옵니다. 어떤 사람은 현실적인 것에 집착하는 사람이 있고 어떤 사람은 자기중심적인 사람이 있고 어떤 사람은 책임성이 있고, 그러한 열여섯 가지의 인간 성격에 대한 타입이 나오는데 그 성격타입을 보면서 또 느꼈던 것 중의 하나는 그때도 마찬가지고 우리는 무언가 소중한 것을 잃어버리고 산다는 것을 또 한번 생각했습니다. 그것이 무엇일까? 우리들은 너무 바쁘기 때문에 소중했던 그 고귀함을 잃어버리고 살 때가 많이 있습니다. 그런데 정말 소중한 것을 잃어버리고 사는 그러한 것이 우리들의 하나의 잘못인데, 우리가 부모님의 은혜를 얼마나 소중히 생각하나 한번 생각해 봤으면 좋겠습니다. 하나의 상징적인 것이지만 반지를 함으로 말미암아 '나는 결혼한 사람입니다.'라고 하는 하나의 상징적인 의미가 있고, 스스로에게 반지를 보면서 '나는 결혼한 사람입니다.'라고 하는 상징이 이 반지 속에 담겨져 있습니다. 이 반지의 가치로 말하면 얼마 안가겠지만, 하지만 상징적인 의미를 부여하면서 계속적인 의미를 부여하면서 사는 것이 현재 인간의 모습이라고 생각합니다. 그런데 아무리 좋은 옷을 입었다 할지라도 또한 아무리 좋은 것을 만들어냈다 할지라도 그 속에 의미가 없다면 그것은 무의미한 것이요 더 나가서는 무가치한 것이 되고 맙니다. 정말 가치가 있는 것은 그것이 얼마짜리냐가 아니라 어떤 의미가 담겨 있느냐 하는 데 있습니다. 문제는 물질이 아니라 정신입니다.

예수님을 바라보면서 십자가에 달려 돌아가신 예수 그리스도란 하나의 액세서리요 하나의 역사적인 사건으로 끝났다면 그것은 우리에게 아무런 의미가 없습니다. 예수 그리스도가 나를 위해 십자가 위에서 보혈의 피를 흘리고 돌아가셨다고 하는 그 의미 부여를, 제가 반지를 보면서 '나는 결혼한 사람이고 나는 아내가 있는 사람이고 나는 결혼한 사람입니다.' 하는 것을 빨리 다른 사람에게 나타내듯이 우리는 스스로에게 갇혀 깊은 수렁에 빠져 자기의 자기 됨을 잃어버리고 자기가 그리스도인 된 참된 기쁨의 삶을 잃어버리고 살았던 우리들의 모습을 새롭게 해야 할 필요성이 있습니다.

우리는 그리스도인이고 그리스도께서 오늘날 우리에게 주시는 말씀을 뭐라고 말씀하시냐 하면 "주안에서 항상 기뻐하라. 내가 다시 말하노니 기뻐하라" 한 번이 아니고 두 번 또 빌립보서 여러 구절 속에서 사도 바울은 계속적으로 기쁨에 대해서 이야기를 하고 계십니다.

한강에 가 보면 해바라기를 예쁘게 심은 곳이 있습니다. 그 해바라기를 보면서 또 하나 느낀 것은 동쪽을 향해 해바라기가 다 돌려있지 않습니까? 한두 개의 해바라기를 볼 때는 몰랐는데 수백 개의 해바라기가 가득한 벌판에 오직 한 곳, 해를 향하여 바라보는 그 해바라기를 보면서 그리스도인의 모습은 주님을 바라보고 그 모습 속에서 우리의 모습이 주님의 모습으로 변화되어야 한다고 생각했습니다. 우리가 주님의 모습에서 주님에게 우리의 얼굴을 돌리지 않고 다른 곳으로 우리의 얼굴을 돌릴 때 그는 주님을 바라보는 해바라기가 될 수 없고 세상적으로 우리의 모습이 우리의 성격이 우리의 마음이 변하게 됩니다.

온전한 삶

　기독교인이라면 누구라도 항상 고민하는 것 중의 하나가 그리스도
인답게, 정말 크리스천답게 우리가 하나님을 믿는 형제와 자매답게,
완전하고 온전해지기를 바라는 것이 우리 모두의 소망이자 하나의
가치관의 기준이라고 생각을 합니다.

　"너희들이 하늘에 계신 아버지의 온전하심처럼 너희도 온전하라"
'온전하라', 우리는 완벽한 크리스천의 모습으로 우리의 모습이 다듬
어져야 될 터인데 그렇지 못하고 허물과 아픔, 추한 모습이 우리들
이 모습과 삶 속에 나타나게 되는 것을 보게 됩니다. 그런데 분명히
주님은 우리에게 이렇게 명령하셨습니다.

　"아버지의 온전하심처럼 너희도 온전하라" 그러면 우리가 온전할
수 있는지 아니면 온전하지 못함에도 불구하고 하나님이 우리에게
말씀하셨는지 우리 스스로 한번 자문을 해 볼 필요가 있습니다. 만
일에 온전하지 못할 수밖에 없는 우리 인간들에게 온전하라고 말씀
하셨다면 그것은 우리의 잘못이 아니요 우리에게 온전케 하라고 하
신 하나님의 잘못이라고 우린 말할 수도 있습니다.

　그런데 하나님은 분명하게 말씀하십니다. "우리에게 명령하시듯이
온전하라"고 그리고 다시 한 번 우리의 모습을 살펴볼 때 우리는 그
순간에 온전할 수 있었습니다.

그러나 우리의 욕심 때문에, 나약한 마음 때문에 온전치 못하고 하나님 앞에 죄를 졌던 그러한 모습들을 우리는 고백할 수밖에 없습니다. 그러기에 이 순간에 우린 이렇게 고백해야 됩니다.

"하나님, 하나님께서 우리에게 온전하라고 말씀하셨고 또 온전할 수밖에 없는 그러한 삶의 순간에도 우리는 정욕으로 인해서 우리의 욕심으로 인해서 우리의 부족함으로 인해서 하나님 앞에 내가 이렇게 죄를 졌습니다. 그 순간에 내가 미워졌고 그 순간에 내가 하나님 앞에 범죄 했던 많은 순간들을 이 시간 고백합니다."라고 하는 그러한 고백의 참회시간이 날마다 주님 앞에 있어야 됩니다. 분명한 것은, 우리는 하나님 앞에 온전할 수 있습니다. 더 나아가서 우리는 죄악 된 성향으로 계속 흐르고 있지만 마음속 한가운데 하나의 나침반이 있어서 하나님을 향하여 우리의 모습이 한 걸음씩 한 걸음씩 나아가고 있다는 것입니다.

"또 내 이웃을 사랑하고 내 원수를 미워하라 하였다는 것을 너희가 들었으나" 여기에서 들었다는 것은 옛날부터 쭉 내려왔던 하나의 전설과 같은 것이고, 또 하나의 율법과 같은 말씀을 들은 그들에게 그리고 오늘날 우리에게 말씀하십니다. "내 이웃을 사랑하고 네 원수를 미워하라" 하였던 것은 이스라엘과 그 당시의 이스라엘 적들과 많은 싸움이 있었기 때문입니다. 그들은 원수처럼 지냈습니다. 그래서 당시의 이스라엘 사람들끼리는 사이좋게 지냈습니다. 그래서 이웃을 사랑하고 네 원수를 미워하라고 하셨습니다.

그 당시는 이스라엘 민족과 싸우는 많은 나라들 중에 특별히 원수처럼 지내는 나라들이 있었습니다. 우리는 크리스천입니다. 지금도 크리스천들끼리는 친하게 지내고 있습니다.

그런데 크리스천이 아닌 사람들과는 원수처럼 지내는 사람들이 있습니다. 그 사람들을 죄악시하고 그 사람들을 죄인 취급하고 교회 안에서는 아주 사이좋게 지내다가도 밖에 나가면 사나운 사람으로 변해서 원수를 대하듯이 미워하는 그러한 사람들에게 하나님께서는 말씀하십니다.

"나는 너희에게 이르노니 너희 원수를 사랑하며 너희를 핍박하는 자를 위하여 기도하라" 우리의 원수를 사랑하며 기도하라고 주님은 분명하게 말씀하고 계십니다. 우리들의 이웃이 누구입니까? 우리가 살고 있는 동네며, 아파트이며, 그 앞에, 그 주위에 있는 친구들 그리고 그 이웃이 우리의 이웃일 수도 있겠고, 학교에 가면 교회는 안 다니지만 함께 지내는 그들이 이웃일 수도 있습니다.

그런데 이웃을 사랑하는 것, 즉 '이웃이다'라고 이스라엘사람들이 생각하는 것은 자기에게 잘해 주는 사람들, 자기를 미워하지 않은 사람들을 가리켜서 이웃이라고 했습니다. 민족주의는 이웃을 이렇게 생각하는 사람이 있을 수 있습니다. 한국 사람, 한국인 그 사람들만 우리에게 이웃이 아니라 저 아프리카에 있는 사람도, 유럽에 있는 사람도 우리의 이웃입니다.

이스라엘 민족들이 갖고 있었던 가장 나쁜 이웃의 개념 중 하나가 민족주의입니다.

Nationalism이라고 하는 민족주의가 깊이 고착되어 있어서 '오직 유대인! 오직 이스라엘인!'이라고 부르짖으며 자신의 민족만을 생각하듯이 이러한 잘못된 사고가 아직도 팽배해 있습니다. 그리스도인들 중에서도 오직 그리스도인, 크리스천이라고 해서 기독교인끼리 똘똘 뭉치는 것이 좋은 점도 있을 수 있습니다.

그러나 우리 기독교인끼리만 뭉친다면 이 세상은 누가 구원하고 이 세상에서 누가 빛의 역할을 하고 누가 소금의 역할을 하겠습니까.

주일날 모여서 예배드리는 것은 참 아름다운 일입니다. 그러나 일주일 내내 교회에서만 지낼 수는 없는 일입니다. 주일날 교회에 모여 다시 리플래시되어 기름을 채우고 가스를 채우고 약을 가득 채운 다음에 다시 세상으로 나아가서 세상 속에서 싸워야 합니다. 세상

속에서 우리가 빛을 발해야 합니다. 일주일 동안 빛을 발하다 보면 일주일의 마지막인 토요일에는 힘이 들어 지치게 됩니다. 그래서 교회에 와서 하나님을 바라보며 십자가를 통하여 주신 은혜를 말미암아 우린 새로운 힘을 얻고 다시 우리의 이웃인 세상 속으로 나아가야 되는 것입니다.

이것이 우리가 다시 한 번 생각해야 될 이웃의 개념입니다. 크리스천들끼리 함께 기도하는 곳에 여러분이 당연히 있어야 됩니다. 크리스천들끼리 모여 예배드리는 것, 그것도 당연한 일입니다.

그러나 우리는 세상 속으로 반드시 나아가야 합니다. 부패해지고 어두워지고 썩어 가는 세상 속으로 나가서 우리가 소금의 역할을 해야 합니다. 소금을 사용하는 이유는 부패를 방지하는 것입니다.

그렇기 때문에 우리가 연약해서는 살아갈 수가 없습니다. 그러기 위해서는 우리는 날마다 깨어 있어야 되고 강해야 됩니다. 강하게 또 강하게 훈련받아야 됩니다. 그러나 우리가 훈련받기를 게을리 하고, 배우기를 게을리 할 때 세상 속으로 들어가서 세상 사람과 같이 동화되는 것입니다. 자기도 모르게 그 사람들과 비슷해지고 맙니다. 그렇게 되지 않기 위해서 우리는 좀 더 강하게 주님을 바라보고 좀 더 강하게 주님의 말씀을 묵상하고 주님의 말씀 속에서 날마다 승리하는 삶을 살아야 됩니다. "네 원수를 사랑하고 너를 핍박하는 자를 위하여 기도하라"는 이 말씀을 들으면 떠오르는 장면이 있을 것입니다.

주님을 십자가에 못 박는 그 장면 속에서, 많은 사람들이 망치로 예수님을 십자가에 못 박는 그 순간에도 주님은 이렇게 기도합니다. 돌을 맞아 피투성이가 되어 죽으면서 무릎 꿇고 기도합니다. "아버지여, 저들의 죄를 용서하여 주시옵소서. 저들이 하는 것을 알지 못하기 때문입니다." 스데반도 똑같은 기도를 합니다. "아버지여, 저들의 죄를 용서하여 주시옵소서. 저들이 하는 것을 알지 못하기 때문입니다." 우리가 마지막으로 하나님 앞에 기도해야 될 그 기도의 제목이 바로 그 장면입니다. 우리가 미워하는, 우리를 미워하는 원수들이 누구에게나 있습니다. 그러나 그 원수들을 미워하고 또 시기하고 질투한다면 자기도 같은 원수가 되고 맙니다. 우리가 하나님 앞에 기도할 때 우리 마음속에 미워하는 원수를 없애야 합니다. 누군가를 미워하고 누군가를 증오했다면 그 순간 그 사람의 종이 되고 맙니다. 그리고 성경은 이렇게 말씀하십니다. "악을 악으로 갚지 말고 악을 선으로 갚으라"고 하시면서 선으로 악을 이기라고 역설적으로 말씀하십니다.

우리가 할 수 있는 유일한 조건은 그를 사랑하고 용서하는 그것밖에 없습니다. 우리들 마음속에 누군가를 미워하고 있고 그를 아주 심하게 증오하고 있다면 그것은 우리의 일이 아닙니다. 하나님의 일입니다. 악인과 선인에게 똑같이 해를 비추시고 악인과 선인에게 똑같이 비를 내리시고 하나님이 나머지 일은 책임져 주신다고 말씀하십니다. 우리가 잘못된 것을 지적하고 그것을 바르게 고치려고 할 때 그 사람과 같이 나쁜 사람이 되는 것입니다. 오직 우리의 길은 그것을 사랑하고, 그를 섬기고, 그를 위해서 기도하는 것입니다. 어느 집에 가서 그에게 복을 빌 때 그 복이 그 사람이 받을 만하면 그 사람이 복을 받고 그 사람이 복을 받지 못할 것이면 그 복이 복을 빈 그 사람에 온다고 주님은 말씀하셨습니다. 우리가 할 수 있는 것은 그를 위하여 기도하고 그를 축복하는 그것밖에 없습니다. 하나님의 창조물인 모든 사람들을 미워하고 증오할 수 없습니다. 그리고 하나님의 일은 하나님이 심판하시는 것입니다. 오늘 하나님이 하늘에 계신 아버지의 온전하심처럼 '너희도 온전하라' 하는 그 perfect의 개념으로 사랑에 대한 주도권을 이야기하고 있는 것입니다. 악인과 선인은 반드시 있기 마련입니다. 그러나 악인과 선인의 양면성 속에서 누구를 미워하고 그를 심판할 자격이 우리에게는 없습니다. 오직 하나님이 그 일을 할 수 있습니다. 우리에게는 많은 인간관계

고리들이 있는데 어떤 사람들의 고리는 마구 엉켜서 도저히 풀 수 없는 그러한 고리의 관계가 있습니다. 우리 주위에 그어진 선을 보면 어떤 사람에게는 곡선이 될 수 있겠고 어떤 사람은 점선으로 그어진 사람도 있을 것이고 어떤 사람은 굵고 짙은 선이 그어져 있는 사람도 있고 선이 보이지 않는 사람도 있을 것입니다. 그러나 인간관계의 엉킨 선을 풀 수 있는 길은 오직 기도와 용서밖에 없습니다. 그 사람을 위해서 우리는 기도해야 합니다. 그리고 스데반이 기도한 것처럼 그 사람을 위해서 우리를 긍휼히 여겨 달라고 함께 용서를 구해야 됩니다. 그러할 때 우리는 자유로울 수 있습니다. 그 사람을 위하여 기도하고 그 사람을 하나님 앞에 용서해 달라고 기도하는 그 순간에 여러분은 무한한 자유로움을 느낄 수 있습니다. 이것이 그리스도인의 일이요 우리의 일인 줄로 믿습니다. 누구를 우리가 '미워한다', '사랑한다' 하는 것은 우리는 잘못된 개념으로 그를 이야기할 수 있고, 잘못된 판단을 할 수 있습니다.

사랑이라 하는 일반적인 개념은 주고받는 것입니다. 그러나 하나님의 주도적인 사랑은 주도적으로 끝까지 사랑하는 것이고, 이것이 우리 그리스도인들이 해야 할 말씀이요 주제입니다.

즉 "너희 하늘 아버지 온전하심처럼 너희도 온전하라" 하나님 아버지가 우리를 사랑하신 그 사랑을 가지고 온전하신 그 사랑, 그 주도적인 사랑을 가지고 우리가 우리 이웃을 사랑하고 좀 더 나아가서 우리를 미워하는 사람을 위하여 기도하고 우릴 핍박하는 자를 위하여, 그를 긍휼히 여길 수 있는 사랑의 깊은 경지가 우리에게 있기를 바라며 결론적으로 이렇게 말씀하십니다. "이와 같이 할 때 하늘에 계신 너희 아버지의 아들이 되리라" 우리에게도 아버지가 있습니다.

아버지와 아들과의 관계 속에서 보면 아들 또한 모든 자녀들과 마찬가지로 아버지와 어머니를 닮게 되어 있습니다. 우리 그리스도인이라고 하는 사람들은 누구를 닮아야 되겠습니까? 물론 하나님 아버지를 닮아야 됩니다. 우리가 사람을 용서하고 긍휼히 여기고 사랑하지 아니하면 우리는 아버지 하나님을 닮을 수가 없습니다. 우리가 미워하고 시기하고 질투하고 증오하는 그 마음은 하나님이 주시는 마음이 아니라 사탄이 주는 마음입니다. 우리의 마음속에 미워하는 마음이 생기더라도 우리는 그것을 제해야 됩니다.

아버지의 온전하심처럼 하나님 아버지를 닮아야 합니다. 날마다 아버지를 닮아갈 때, 아버지의 아름다움과 아버지의 선하심과 아버지의 온전하심이 우리의 마음속에 깊이깊이 하나씩 새겨질 때 우린 진정 하나님의 아들이라 칭함을 받을 수 있습니다.

예수 안에 있는 자

　우리들의 각자의 삶을 누구의 것이라고 생각하는지 스스로 한번 마음에 물어보는 시간을 가지면 하나의 좋은 만남이 되리라 생각합니다. 우리는 각자 열심히 살면서도 각자의 삶이 아니라 부모님의 삶을 살아가는 그러한 친구들도 주위에 가끔 있습니다. 자기는 의사가 되고 싶어 합니다. 그런데 의사가 아니라 판사가 되어야 한다고 하는 그러한 규정을 부모님께서 주었기 때문에 본의 아니게 나의 삶을 살아가는 그러한 잘못된 친구들도 있습니다. 각자가 이름이 다르고 얼굴이 다르고 지문이 다르고 여러분의 모든 것이 다르듯이 하나님께서는 각자에게 맞는 아름다운 삶의 모습을 주셨습니다. 그런데 자기의 소중하고 아름다운 보화를 발견하지 못하고 다른 사람이 가지고 있는 보화, 다른 사람이 아름답게 보이는 그 모습, 그리고 그 일을 위해서 잘못된 방향으로 시간을 낭비하고 괴로워하는 사람들이 있다면 자신의 모습을 살펴보는 시간을 가졌으면 합니다.

　개인의 역사뿐만이 아니라 역사의 흐름을 살펴보면 역사를 주관하는 몇몇 사람이 있습니다. 토인비는 그 사람들을 묶어서 그들은 '창조적인 소수자'라고 규정하고 있습니다. 그렇다면 우리의 마음속에도 여러분을 창조시킬 수 있는 아름다운 에너지가 무의식 속 깊은 내면에 잠재하고 있을 것입니다. 그러나 아직 발견하지 못하고, 그러한 능력을 가지고 있으면서도 소중한 것을 모르고 지나치고 잊어버리기 때문에 잘 알지 못하는 것입니다. 우리들이 잠들기 전 무의식 세계로 빠져 들어가는 바로 그 순간에 엄청난 에너지가 생긴다고 합니다. 즉 우리들이 일상적으로 살아가고 있는데, 살아가는 의식을 우리의 미세한 부분으로 추격될 수 있다면 우리가 알지 못하고 가보지 못했던 마음속 깊은 곳의 힘을 심리학자들은 무의식의 세계라고 정의합니다. 우리의 보이지 않는 무의식 속에 굉장한 힘이 있습니다.

여러분이 잠들기 바로 전 의식과 무의식이 교차하는 순간, 문이 살짝 열리는 순간에 어떤 의식을 집어넣느냐에 따라 꿈을 좌우하게 됩니다. 그 시간은 불과 수초, 5초일 수도 있고 10초일 수도 있습니다. 잠자리에 들어 막 잠들려는 순간 마음속에 가지고 있는 여러분을 지배하게 되는 것입니다.

만약 누군가를 미워하는 마음으로 그 사람을 죽이고 싶은 생각으로 잠이 든다면 꿈에서 그 사람을 죽이려고 쫓아다니느라 피곤합니다. 그리고 마음속에 좋지 못한 에너지가 발산되어 신체적으로나 무의식적으로 망가지게 되고 마음에 분노의 싹이 트고 악한 마음이 생겨 언젠가는 자기도 모르게 행동으로 발산되고 맙니다. 그와 반대로 잠자리에 들면서 '하나님, 오늘 제가 친구를 미워하고 많은 잘못을 했습니다. 내일은 천사처럼 그 친구를 가슴에 꼭 안아 주고 친구의 나쁜 점을 이해해 주고 세상에서 가장 아름다운 모습으로 살겠습니다.'라는 기쁜 마음으로 기도하면서 잠들면, 의식의 세계가 무의식의 세계로 빠져들어 갈 때 그 속에 무한한 에너지가 생겨 그 다음날 아침엔 의식이 바뀌고 새로운 마음으로 삶이 바뀔 수 있습니다.

물론 이것은 심리학자의 이야기이고 많은 경험을 한 사람들이 자신 있게 말하는 것이었지만 그 위에 플러스알파로 하나님의 은혜와 축복을 믿습니다.

잠자리에 들기 전에 성경책을 보고 기도하면서 잠자리에 드십시오. 꿈속에서 도둑질하고 사람을 죽이고 이렇듯 험한 꿈을 꾸면 피곤하지 않겠습니까? 꿈속에서 예수님을 만나기도 하고 꿈속에서 하나님을 만나서 함께 이야기를 하기도 하고 꿈속에서 사랑하는 친구들을 도와주는 일도 하고 꿈속에서 자기가 훌륭한 일을 해서 칭찬받는 기쁨도 누리는 그러한 아름다운 꿈을 마음속에 간직하기 위해서 우리는 잠자리에 들기 전에 아름다운 꿈을 마음속에 간직해야 될 줄로 압니다.

얼마 전에 제가 아주 귀한 세미나를 들으면서 깜짝 놀랐습니다. 세미나에서 강의하시는 분은 서울대 산업공학 연구소에 소장님으로 계시는 이면우 교수님이신데 그분이 쓰신 베스트셀러 중에 「W 이론을 만들자」라는 책이 있습니다. 그 책을 보면 굉장히 재미있는 그림과 글이 있습니다. 그 글을 읽어보고 깜짝 놀라고 세미나를 보면서 깜짝 놀란 것이 있습니다.

흔히 우리가 보는 TV는 네모나게 만들어져 있습니다. 집에 가 보면 가장 좋은 자리에 버티고 앉아서 우리의 의식을 좀먹고 있습니다. 우리의 의식구조를 깨뜨리고 창조적인 의식을 무너뜨리는 결정적인 것이 TV입니다. 이 사람은 왜 TV는 항상 반듯한 네모이고 사람이 앉아야 할 가장 좋은 자리를 TV가 차지하고 있을까 고민하면서 TV를 동그랗게 만들기 시작했습니다. 그 안에 로봇 장치를 했습니다. 바퀴를 달고 거기에 리모콘을 장치했습니다. 그래서 리모콘을 누르면 TV가 인공청소기 옆에 있다가 또르르 굴러옵니다. 그리고 적당한 위치에 서게 됩니다. 그리고 TV를 켜면 TV가 나옵니다. TV를 보다가 배가 고플 때가 있어 식탁에 가려 할 때 버튼을 누르면 TV가 따라옵니다. 따라오다가 식탁 옆에 멈춥니다. 밥을 먹고 나면 피곤해져서 누워서 보고 싶어집니다. 그럴 땐 누워서 리모콘을 누르면 TV가 내 눈과 직각으로 맞춰집니다. 다 보고나서 버튼을 누르면 바퀴가 달린 TV는 원래 자리인 진공청소기 옆에 놓이게 됩니다.

이런 TV를 발명한 이면우 교수는 대우, 삼성, LG와 관계되는 사람들에게 설명회를 하지만 정신 나간 사람이라고 하면서 그 TV가 좋은 것이라면 왜 일본사람이 안 만들었고 왜 미국사람이 안 만들었겠냐고 그것은 가치가 없고 의미가 없기 때문에 그것을 생산하지 못하겠다고 비웃었습니다. 교수는 화가 나서 상품을 직접 제작하여서 보여주면서 설명회를 했는데 미국에서 깜짝 놀라면서 이렇게 좋은 TV라면 특허를 내겠다고 해서 미국에서 특허품으로 조만간에 우리나라로 들어오게 될 것입니다.

이분은 오십대 초반으로 나이는 별로 많지 않으나 발명품이 500여 가지가 넘는 특허를 만들고 무한한 가능성을 발견했습니다. 저는 그분의 설명회를 슬라이드로 보면서 놀란 것이 그분이 얘기하는 것 중의 하나로 우리가 가지고 있는 잠재력이 무한함에도 불구하고 남을 모방하고 따르기만 하고 창조적으로 만드는 것을 잘못하고 있다는 것을 알게 되었습니다. 잠깐 생각하면 되지 않겠습니까? 로봇이 사람의 일을 대신하기도 하고 가정에서도 필수품으로 컴퓨터를 보유하고 있고, TV는 일상적인 것이라는 그런 것을 조금 더 생각해서 동그란 TV를 만들 수 있다는 것을 착안해 큰 발명을 하게 된 것입니다.

제가 말하고자 하는 것은 예수 안에 있는 자들은 세상에 뒤지는 것이 아니며 창조적이고 새롭게 나아가야 한다는 것입니다. 무한한 가능성을 가지고 있음에도 불구하고 그것을 잘못된 의식으로 인해 스스로를 망가뜨리는 경우를 보게 됩니다. 성서에 나타난 대표적인 아름다운 사람을 든다면 사도 바울을 들 수 있습니다.

그는 극적인 변화를 일으켰고, 새로운 삶을 살기 시작했습니다. 우리의 예수님을 믿기 전의 모습과 예수님을 믿고 있는 지금의 모습을 비교해 보십시오. 예수님을 믿기 전에는 주일날 집에서 TV를 보거나 다른 곳에 놀러가며 지냈으리라 생각됩니다. 순간순간 늘 새로운 의식으로 계속 깨어 있어야 합니다. 우리가 숨을 안 쉬고 가만히 있으면 우리는 죽게 될 것입니다.

2, 3분만 지나면 죽게 됩니다. 우리의 머리 속에 뇌가 있습니다. 그 하얀 뇌를 그냥 막연하게 흐르듯이 아무 생각 없이 놔두면 우리가 숨을 쉬지 않고 1, 2분만 지나면 썩어 가는 그것처럼 우리의 뇌도 썩어 가게 됩니다. 그러므로 늘 새로운 의식으로 순간순간 계속 집어넣어 줘야 합니다. 우리의 뇌 속에는 엄청나게 많은 것들이 들어 있지만 하나님은 우리의 모든 것들을 알고 계시기 때문에 우리의 뇌 속에 뭐가 들어 있는지도 다 기억하고 계실 것입니다.

사도 바울을 보면서 우리가 받은 의식들이 많이 있습니다. 부모님께 배웠고, 학교에서 배웠으며 친구들로부터도 배웠습니다. 그 배운 바를 그대로 답습하면서 우리는 똑같이 살고 있습니다. 이것이 오늘의 우리 기독교에 커다란 문제로 제기할 수 있다고 생각합니다. 친구가 이렇게 했다 하더라도 나는 이렇게 살겠다고, 부모님이 이렇게 말씀하셨다 하더라도 또 내가 받아 본 교육에서, 내가 바라본 시각에서 내가 하나님을 믿는 신앙 안에서 나는 이것보다 이렇게 살기를 원한다 하면서 자기의 의견을 내고 부모님보다 더 훌륭한 사람이 되고 선생님보다 더 훌륭한 사람이 되는, 그런 식으로 살아가면서 우리 기독교인들은 개혁을 하고 발전해야 됩니다. 10년 전에 한 그대로 오늘을 살아간다면 그 사람은 변화가 없고, 단적으로 말하면 그 사람은 죽은 사람이라고 말할 수 있습니다.

우리의 의식이 어제와 다르게 아니 조금 전과 다르게 이 글을 읽으면서도 계속적으로 바꿔야 됩니다. 우리는 잠자는 시간엔 모든 활동이 중단됩니다. 24시간이란 시간 동안에 우리들의 역할을 보면 엄청나게 많은 일들을 합니다. 학생으로서 또한 자녀로소 친구 간의 관계로서 우리들 나름대로 조그만 서클에서의 일, 성가대의 일, 여러 가지 일들을 많이 담당하면서 어떤 이들은 그 일을 잘해 나가며 열 몇 가지 일을 하는 이도 있습니다. 10년 전과 같이 작년과 같이 어제와 같이 오늘을 살아간다면 변화가 없고 극단적으로 죽은 사람이라고 볼 수도 있습니다. 여러분의 의식이 어제와 다르게, 아니 바로 전과 다르게 계속 바뀌어야 합니다.

24시간 동안의 우리의 역할을 보면 학생으로 자녀로서 친구 관계로서 또는 서클활동으로 성가대일 등 많은 일을 하면서도 그 일들 모두를 감당해 내는 사람이 있습니다. 우리도 수첩을 꺼내 우리가 하는 일을 한번 적어 보면 아버지의 역할, 회사에서 맡은 직책으로의 역할 또 남편의 역할 자녀의 역할 등 보통 10가지 이상일 것입니다. 얼마 전에 저도 내가 '무슨 일을 하고 있을까? 또 공식적으로 꼭 해야 될 일이 무엇일까?' 하며 곰곰이 생각해 보니 제가 하는 일이 13가지가 있었습니다. 저만 아니라 누구든지 저만큼 그 일을 하고 있습니다. 그런데 한 가지 일을 하면서도 제대로 못 하는 사람이 있습니다. 왜 그렇겠습니까?

그것은 마음의 문제입니다. 우리 스스로 의식이 변화되지 않고는 우리들의 생활이, 우리의 습관이 변화될 수 없습니다.

평소에 잠을 네 시간만 자도 아주 충분히 숙면을 취할 수 있습니다. 저는 이틀 동안 3, 4시간을 겨우 잤습니다. 오늘도 새벽에 나오느라고 일찍 일어났는데 저는 아무 이상이 없습니다. 언젠가 우리는 편안하게 깊이 잠들 것입니다. 그리스도인들은 죽는다는 말을 쓰지 않고 깊이 잠든다고 말합니다.

잠깐 자는 것, 이것은 우리가 하나님 나라에 들어가는 연습을 하는 것입니다. 밤 12시까지 잠자리에 드는 것은 잠깐 연습하는 것입니다. 깊이 빠져들었다가 다시 부활해서 오늘을 다시 사는 것입니다. 그런데 어떤 이는 조금 더 자려고 5분만, 5분만 더 하다가 예배 시간에도 늦고, 학교 시간에도 늦습니다. 그런 사람은 항상 사회생활에 뒤쳐져 갑니다. 이제 우리는 바꾸어 살아야 합니다. 남이 잔다고 자고 남이 이 길을 간다고 해서 이 길을 가고 그럴 필요가 없습니다.

적어도 예수 안에 있는 자들은 무한한 가능성 가운데 새로운 삶은 얼마든지 멋있게 후회 없이 살 수가 있습니다.

우리는 마음속의 눈을 떠 우리의 무한한 길을 한번 살펴보아야 합니다. 그 많은 길들을 모두 가 보고 싶을 것입니다. 물론 다 하고 싶을 것입니다. 그러나 우리는 다 하지 못하는 한계 상황에 있습니다. 무엇을 먼저 해야 되며 무엇을 나중에 해야 되는지 아니, 어떤 면에서는 그것을 하지 못하고 이 세상을 떠날 수도 있습니다. 우리는 다들 개척자적인 입장을 가지고 1920년에 백여 명의 청교도들이 미국을 개척했던 그 모습을 보면 눈물나게 많은 예화들을 보게 됩니다. 102명이라고 하는 똘똘 뭉친 의식이 깨어 있는 청교도들이 오늘의 미국을 만들었습니다. 그것은 남이 만들었던 것이 아니고 그들이 만든 것입니다. 우리는 사회를 개혁시키고 온 민족을 위해서 일한다고 하는 거창한 슬로건을 내걸기 이전에 우리의 의식을 먼저 개혁시키고 우리의 삶에 잘못된 것들, 문제 있는 것들 그리고 새로워지는 것을 향하여 계속적으로 개혁해야 합니다. 어제는 이렇게 행동했다 할지라도 오늘 이것이 아니라고 한다면 역으로, 거꾸로 돌아갈 수 있는 과감한 결단이 우리에게 필요합니다. 좀 더 나아가서 그들이, 그리고 우리가 해야 할 일들 중에 하나는 바로 희망입니다.

우리의 한 인격은 자라가는 가운데 저절로 만들어지는 인격은 아무도 없습니다. 매도 맞고, 다듬고, 깨어진 사람일수록 온전한 인격을 소유하는 것입니다.

곱게 온상에서 자란 사람들, 곱게 그냥 자라는 대로 막연히 큰 사람들은 아무 의미가 없습니다. 동물들 중에서 가장 강한 동물은 코끼리입니다. 우리들이 흔히 코끼리라면 서커스장에서 보는 것처럼 굉장히 온순하고 귀엽다고 생각할 것입니다. 그러나 사자나, 호랑이 그 이상의 어떤 동물도 코끼리 앞에서는 꼼짝도 못합니다.

그런 코끼리는 막 태어난 새끼의 모습도 엄청나게 큽니다. 그 커다란 코끼리를 그물을 쳐서, 그냥은 잡지 못해 새끼에게 마취제가 담긴 총을 이용해서 잡습니다. 잡아서 커다란 쇠기둥에 쇠줄로 목을 맵니다. 그렇게 꽁꽁 묶어 놓습니다.

아기 코끼리는 시간이 흘러 의식이 깨어나면 몸부림을 칩니다. 야생 코끼리를 묶어 놓았으니 얼마나 답답하겠습니까. 피가 나도록 몸부림을 치면서도 계속적으로 도망가려고 발버둥을 칩니다. 그러나 워낙 튼튼한 기둥에 묶어 놓았기 때문에 꼼짝도 하지 않습니다. 그러다가 며칠이 지나면 코끼리가 포기할 때가 옵니다. '이 목에 걸린 쇠사슬만큼은 내가 어쩔 수가 없구나' 하고 포기를 하는 그 순간부터 온순해 집니다. 그리고 그 의식에 '나는 어떤 것도 할 수 있지만 내 목에 걸려 있는 사슬 또는 목에 무언가 걸리기만 해도 이것만큼은 이길 수 없는 거구나' 하고 의식이 변하게 됩니다. 그때부터 조련사가 가는 줄을 매어 끌고 가면 끌려갑니다. 개가 끌고 가도 끌려가고 꼬마가 끌고 가도 끌려갑니다. 코끼리는 목에 걸린 무언가에 대해서는 절대적으로 순종합니다. 이것으로 보면 우리가 우리들의 마음속에 이것만은 절대적이다 이것만은 할 수 있다 그리고 이것은 무엇인가 분명할 수 있다는 어떠한 마음가짐을 가지느냐에 따라서 스스로가 바뀔 수 있습니다. 인간은 코끼리 이상의 능력이 있고 힘이 있습니다. 그런데 우리는 '저 사람이 못 하니까 나도 못 하겠지', '우리나라에서 노벨상을 못 받는데 내가 어떻게 노벨상을 받을 수 있을까' 하고 자기도 모르게 스스로 규정해 버리고 맙니다. '우리 교회가 어떻게 그런 일을 할 수 있을까?' 이런 생각은 잘못된 생각입니다. '우리 중 누가 이 일을 할 수 있을까?' 그 또한 잘못된 생각입니다.

빌립보서 4장 13절에 이런 말씀이 있습니다. "내게 능력주시는 자 안에서 내가 무엇이든 할 수 있느니라" 로마서 8장 1절을 보면 "그러므로 그리스도 예수 안에 있는 자는 결코 정죄함이 없느니라"라고 말합니다.

과거에 교회 밖에서의 우리들의 삶이 어떠했을지라도, 예수를 믿기 전에 우리들의 삶이 어떠했을지라도 우리는 반드시 미래에 아름다운 소망이 있습니다.

미개인과 문화인의 차이가 어떤 것이라고 생각합니까? 야만인과 문화인, 야만인은 미래가 없습니다. 내일이라고 하는 존재가 그들에겐 없습니다. 지금의 현실, 이것이 중요합니다. 그러나 문화인은 미래를 생각합니다. 그래서 에너지도 절약하고 먹을 것도 저장해 놓는 것입니다. 우리는 쓸 수 있는 모든 것을 저장해 놓고 미래를 생각하면서 살고 있습니다.

그러나 더 중요한 것은, 미래지향의 클라이맥스는 하늘나라에 들어가는 것입니다. 그리스도인이 바로 하늘나라에 대한 소망이 없을 때 우리는 오늘이 불확실하게 됩니다. 오늘을 확신 있게 살려면 미래에 대한 확신이 함께 보태져야 됩니다. 내가 미래의 이런 사람이 되어야겠다 하는 청사진을 생각하면서 기도하는 마음으로 오늘을 성실히 살아가야 됩니다. 내가 미래의 이런 사람이 되어야겠다 하는 청사진을 그려야 됩니다. 그러면 5년이 지나고 10년, 20년이 지나면 반드시 그러한 사람으로 여러분이 성숙되고 변화되어 있을 것입니다. 문제는 여러분이 그러한 의식이 없고, 또 있더라도 자꾸 포기하며 '나는 할 수 없다'라는 잘못된 의식이 우리를 잘못된 길로 이끌어 가고 있는 것입니다. 잊지 말 것은 이제 우리는 혼자가 아니라는 것입니다. 예수님이 우리와 함께 거하십니다. 이제 예수 안에서 우리는 새로운 눈을 떠야 합니다. 그것은 사랑의 마음을 가지고, 하나님이 우리를 사랑하신 그 마음을 가지고 모든 것을 사랑하는 시각으로 바라보는 것입니다.

옆에 있는 친구들을 사랑하는 마음으로 손을 한번 잡으면 사랑하는 사람으로 만들 수 있습니다. 그러나 내가 미워하면 저 사람도 나를 미워할 수밖에 없습니다. 내가 모든 것들을 사랑하고 내가 가지고 있는 것들을 다 사랑하고 내가 하는 일도 사랑하고 우리에게 주어진 24시간도 사랑하고 모든 것을 사랑이라고 하는 Frame을 가지고 모든 것을 점철시킬 때 우리는 언젠가 우리의 모습이 그리스도처럼 아름답고 소중하게 변하게 될 것이고 우리의 마음속이 예수 그리스도의 마음 밭으로 가득 차서 우리가 입을 열 때마다 예수 그리스도의 향내가 날 것이고 입을 열 때마다 사랑의 말들이 열매를 맺을 것이고 그 안에서 창조적인 삶을 발견하며 날마다 기쁘게 살 줄로 믿습니다.

승리하는 삶 ●

　여러분은 성공이라는 것에 대해 어떻게 생각하십니까?

　성공이라는 개념이 어떤 식으로 여러분의 마음속에 이미지화되어 있는지 깊이 생각해 볼 필요가 있습니다.

　각자가 생각하는 성공에 대한 개념이 서로 다릅니다. 어떤 사람은 돈을 많이 버는 것이 성공이라고 생각하며 돈을 많이 벌어서 통장에 들어 있는 몇 억을 보며 기뻐하고, 만면의 미소를 띠는 바보같이 성공한 사람들이 세상에는 많이 있습니다. 어떤 사람은 평생 모은 돈으로 멋있는 집을 짓고 그 집을 지키다가 무서워서 담에 유리도 꽂고 전기장치를 하고 VTR시스템을 설치하면서 집을 지키는 사람도 있습니다.

　'나는 성공을 하겠다. 대통령이 되겠다. 과학자가 되겠다.' 등의 생각이 마음속에 있으리라 생각합니다. 또한 '나는 훌륭한 음악가가 되겠다. 또는 하나님의 말씀을 전하는 목회자가 되겠다.'고 마음먹은 사람도 있을 것입니다.

　그러나 우리가 가지고 있는 성공에 대한 개념이 잘못되었기 때문에 시행착오를 겪을 때가 많이 있습니다. 한 심리학자인 Maslow는 인간의 성장단계를 여러 단계로 표현하면서 마지막 인간이 추구하는 삶의 목표가 자아를 실현시키는 것이 인간이 가지고 있는 의미 중에 가장 소중한 것이라고 말합니다.

　어느 날 예수님은 예수님이 돌아가실 때가 되었기 때문에 예루살렘을 향해 작은 나귀를 타고 예루살렘 성으로 입성하게 됩니다. 때 묻지 않은 나귀를 타고 올라갈 때 어린 소년과 소녀들이 몰려오면서 예수님께 외칩니다. "호산나 다윗의 자손이요!" 그리고 어른들도 옷을 벗고 나귀의 가는 길을 펴면서 "호산나 다윗의 자손이여!" 하면서 외칩니다. 그 말은 '당신은 왕입니다. 이제 예루살렘에 올라가서 왕관을 쓰시고 당신이 원하는 정치적인 왕이 되시고, 이 나라에서 가장 훌륭한 왕으로서 우리를 지배해 주십시오.'라는 의미를 가지고 있는데, 모든 군중들이 예루살렘이 떠나갈 정도로 몰려듭니다. 그때의 예수님의 표정은 심각했습니다.

　왜냐하면 예수님은 왕이 되기 위해 예루살렘으로 올라간 것이 아니라 고난의 십자가, 그리고 온 인류를 위해서 한 걸음씩 올라가는 것이기 때문이었습니다.

　그런데 놀라운 사실은 예루살렘 성에 올라갔을 때 그 많은 군중들이 하나씩 떨어져 나가기 시작해 몇 명 남지 않게 되었습니다. 예수님은 곧바로 성전에 한번 들르셨다가 옆에 있는 베다니라는 곳에서 하루를 묵게 됩니다.

　그리고 다음 날 올라오셔서 자기가 하시고자 하시는 십자가의 사역을 시작하십니다. 예수님은 누가 뭐래도 절대적으로 승리하셨습니다. 일부 어리석은 사람들은 예수님이 십자가에 매달려 돌아가심으로 말미암아 이루고자 했던 꿈을 이루지 못했다고 잘못된 교리를 가르치는 이단 종교도 있습니다.

　그러나 성경 어디를 보아도 예수님은 성공하셨습니다. 예수님이 말씀하신 성공의 개념은 우리가 생각하는 돈을 버는 것도 아니고 왕이 되는 것도 커다란 집을 짓는 것도 아닌 커다란 십자가를 지시는 것입니다.

고난의 십자가는 반드시 그분이 져야 할 십자가로 반드시 그가 이루어야 할 고난의 그 길을 동참하면서 걸었던 그곳에서 우리는 예수님의 모습을 보게 됩니다.

예수님의 이 모습 속에서 우리는 승리의 비결을 발견할 수 있습니다. 우리가 가지고 있는 승리에 대한 개념, 우리가 가지고 있는 성공이라는 개념을 백지화시키고 다시 예수님이 이루셨던 고난의 십자가를 보면서 그 속에서 부활을 찾아내야 합니다.

예수 그리스도의 십자가는 승리의 표상이고 부활은 예수님이 승리했던 것을 이루어낸 하나의 표상입니다. 다시 말하자면 예수 그리스도가 십자가에 달려 돌아가신 그곳은 승리의 마침표입니다. 예수님은 십자가에서 그가 하시고자 했던 모든 일을 이루십니다.

세상에서 볼 때는 예수님이 가장 처참하게 돌아가셨다 할 수 있습니다. 하지만 손에 못이 박히고 허리에 창을 찔리고 다리에 못이 박히는 처형을 받으시면서 이렇게 말씀하십니다. '내가 모든 것을 다 이루었다.'

예수님은 십자가 위에서 모든 것을 이루셨습니다. 우리를 향하신 하나님의 사랑, 그것의 절정이 십자가에서 나타났고, 예수님이 이 땅에 오신 궁극적인 목적이 바로 십자가를 지시기 위해서 오셨습니다. 그때 사람들은 떠나기 시작했습니다. 왜냐하면 '호산나 다윗의 자손이여!'라고 외쳤던 많은 사람들이 예수님의 나약한 모습을 보고 떠났던 것입니다. 다시 말하면 물고기 두 마리와 떡 다섯 개로 모든 사람들을 먹이는 것을 보았고, 죽은 사람을 살리는 것도 보았고, 소경된 자를 눈뜨게 하는 것도 보았고 절름발이를 걷게 하는 많은 이적들을 보면서 예수님이 마술사와 같다고 생각하고 예수님만 따라다니면 굶어 죽지는 않겠고, 신나는 일만 있을 줄 알았습니다.

그리고 예수님의 제자 중의 한 사람은 예수님을 혁명가로 보았습니다. 그래서 예수님께서 십자가를 지시면서 다 이루었다고 말씀하신 것을, 그들이 생각할 때에는 도저히 이해할 수 없었습니다. 우리 그리스도인들의 삶도 보면 이해할 수 없을 때가 참 많이 있습니다. 인간은 항상 선택의 기회에 놓여 있습니다. 옳은 길이 있고, 나쁜 길이 있고, 가식적으로 보면 큰길과 좁은 길이 있습니다. 그러나 세상 사람들은 넓고 편하고 큰길로 갈지 모르지만 우리 기독교인들은 좁은 길 고난의 길, 남이 가지 않는 길을 소망과 기쁨을 가지고 걸어가는 모습을 보여야만 참다운 기독교인의 모습이라고 볼 수 있습니다.

예수님은 예루살렘에 입성해서, 군중들을 이끌어 동요시켜 왕이 될 수도 있었습니다. 그리고 하나님의 아들인 예수님은 천군천사를 보내셔서 로마 군인들을 전멸시킬 수 있었고, 통치할 수도 있었습니다. 그러나 예수님은 편하고 명예로운 길을 따르지 아니하고 고난의 길을 선택하였습니다.

이미 세례를 받고 첫 번째 받은 고난은 사탄으로부터 세 가지의 시험을 당한 것입니다.

그 세 가지의 고난은 예수님이 40일 동안 금식하고 기도하신 다음에 성령의 이끌림을 받은 후에 고난을 당하게 됩니다. 그 세 가지가 우리에게 주는 교훈이 참으로 많습니다. 그중에서도 마지막의 고난, 즉 명예로운 고난을 받게 되는데 왕이 될 수 있도록 해 주겠다며 사탄은, 성전에서 뛰어내리면 당신에게 이스라엘 민족, 이 세계를 줄 것이고, 모든 사람들이 당신을 추앙하고 왕으로 받들 것이라 예수님을 속이고 있지만 그 길을 마다하고 말씀으로 세 가지의 시험을 모두 이깁니다. 기독인들의 싸움은 싸우면서 이기는 게 아닙니다. 예수님이 사탄의 고난을 다 싸워서 이기시고 승리하셨습니다.

요한복음 17장 33절에서 "세상 속에서 세상이 우리를 고난에 깃들게 하고 고난 속에 가둘지라도 담대하라, 내가 세상을 이겼노라"고 말씀하십니다.

예수님은 이미 세상을 이기셨습니다. 다 이루어 놓으시고 승리하시고 싸우는 겁니다.

이것이 기독교인과 세상 사람들과의 차이입니다. 우리는 이미 승리하고 이루어 놓은 것입니다.

예수님이 만들어 놓은 길, 예수님이 승리한 길을 기쁨으로 따라가는 것입니다. 교회를 통해 선생님을 통해 말씀으로 이겨낸 그 길을 환희 속에서 이루어 나가는 것입니다. 그래서 주일을 여러 가지 많은 표현을 하지만, 우리 그리스도인들의 날 주일, 즉 주님의 날이라 합니다.

주일을 Sunday라고 하지만 그리 좋은 표현이 아니고 Lord's day, 주님의 날이라고 바꾸는 것도 좋으리라는 생각이 듭니다.

주일 24시간은 주님의 시간이기에 우리들 마음대로 사용하는 것이 아니고 주님을 기쁘게 하는 일을 택해서 사용해야 합니다. 다시 말하자면 우리의 승리의 개념을 십자가에서 찾을 수 있는데, 성공과 승리의 개념이 무엇인가 소유하는 것이라 생각하는 것은 커다란 잘못입니다. 힘을 기르는 것도, 많은 것을 가진 것이 승리가 아니라 오직 승리는 십자가 안에 있습니다. 십자가를 통해서만이 그 진리를 깨달을 수 있고, 십자가 안에서만이 변하지 않는 참된 승리를 맛볼 수 있습니다.

사람들이 즐겨 보는 권투의 사각 링은 하나의 작은 세상입니다. 세상 속에서 두 사람이 싸우게 되는데 그 둘 중에 하나는 바로 자신입니다. 벨이 울림과 동시에 열심히 싸웁니다. 반드시 승자와 패자가 있습니다. 세상에서의 싸움은 누군가 한 사람은 죽어야 하는 것이 윤리이지만 하나님이 말씀하시는 세상의 싸움은 승자도 패자도 없는 것이 기독인들의 싸움이라고 하십니다.

사도 바울은 처음에는 예수 그리스도를 믿는 사람을 핍박하고 잡아서 옥에 가두고 죽이기까지 하고 심지어 하나님을 잘 믿는 스데반을 돌로 쳐서 죽게 합니다. 그 현장에서 죽으면서 천사의 얼굴을 하며 죽어가는 스데반을 보면서 사도 바울의 마음은 뭉클했습니다.

그리고 바울의 마음속에 응어리가 지기 시작했습니다. 그러나 그 마음속에 예수 그리스도를 믿는 사람들은 모두 죽여야 한다는 증오심이 불타서 다시 예수 믿는 사람을 잡으러 떠나게 됩니다. 그때 예수님이 인간이라면 화가 나서 사도 바울을 혼내 주고, 그 자리에서 진노로써 심판할 수도 있었으나, 예수님은 사도 바울 앞에 나타나서 이렇게 말씀하십니다.

'나는 네가 핍박하는 사랑하는 예수다.'라고 하면서 사도 바울을 변화시키고 예수님의 사람으로 만들었습니다. 그때 이름은 사울이었는데 사도 바울로 이름을 바꾸게 되고, 하나님의 사자가 됩니다.

여러분, 남을 죽이고 이끄는 것은 세상의 승리자입니다. 세상의 승리자는 반드시 누군가를 짓밟고 일어나야 하지만 그리스도인의 승리자는 함께 더불어 나아가는 삶입니다.

가장 약한 자를 들어서 함께 손을 잡고 함께 천국을 향해 나아가는 모습이 가장 귀한 진리의 말씀입니다. 원수를 사랑하는 승리, 적의 손을 잡고 평화의 나라로, 하나님의 나라로 함께 나아가는 것이 승리자의 모습입니다.

겟세마네의 동산에서 두 가지의 장면이 나옵니다. 예수님은 반드시 십자가를 지셔야 했습니다.

예수님이 어쩔 수 없이 지신 십자가가 아니라 자의에 의해 기쁜 마음으로 그 짐을 짊어 지으려 하셨고 하나님이 주시는 짐을 기쁨으로 받으면서 십자가를 지기에 앞서 밤새도록 겟세마네 동산에서 기도합니다.

기도하고 또 기도하고 그리고 마음을 다져 이제 자기에게 나타난 십자가를 기쁨으로 맞이하게 됩니다. 그러나 예수님과 반대되는 모습의 대표적인 사람이 베드로입니다. 베드로는 기도하라는 시간에 잠을 잤습니다. 예수님이 십자가를 지신 엄청난 사역을 앞둔 바로 전날 베드로는 기도하지 않고 잠만 잡니다. 예수님이 밤새워 기도하지 않았다면 십자가 앞에서 다대하지 않았을 것입니다.

종교개혁자인 마르틴 루터는 "내가 아침에 두 시간씩 기도하지 않으면 나는 그날 반드시 사탄에게 지고 만다."고 말했습니다.

여러분은 하루에 몇 시간, 아니 몇 분을 기도합니까?

왜 기독인들이 세상에서 넘어지고 패배하냐 하면 겟세마네 동산이 없기 때문입니다. 엄청난 세상의 싸움 속에서 겟세마네 동산이 날마다 우리의 삶 속에 거해야 합니다.

여러분이 거하고 있는 그 현장이 여러분의 겟세마네 동산의 기도가 되어야 합니다.

어디를 가든 기독교인들이 먼저 해야 할 것은 무릎을 꿇고 기도를 하는 것입니다. 기도하지 않으면 이길 수 없기 때문에 사업장에서도 시험장에서도 기도해야 합니다. 학교에 먼저 가서 서생님을 찾기 이전에 무릎을 꿇고 손을 모아 하나님께 기도해야 합니다. 오늘 학교에서의 모든 공부가 주님 안에서 아름답게 열매 맺게 해 달라고 기도한 후에 일어나는 모든 일들을 기쁨으로 받아들여야 합니다.

기도하지 않았기에 우리는 절망하지 않을 수 없습니다. 기도하지 않았기에 우리는 슬퍼할 수밖에 없고 남을 미워할 수밖에 없습니다. 기도하지 않았기에 우리는 승리할 수 없고 성공할 수 없습니다. 더 나아가서 기도하지 않았기에 본래의 참된 인간의 모습을 상실하고 말았습니다.

기도하고 또 기도할 때에 참된 승리의 비결을 십자가 안에서 발견할 수 있고, 하나님과의 올바른 관계의 승리의 첫걸음부터 시작되었기 때문에 반드시 날마다 그리스도와 함께 동행하고 그리스도와 함께 기도하는 그리고 자기중심적인 삶에서 벗어나 이웃을 위해 세상을 위해 더 나아가서 하나님의 영광을 위해 기도하는 아름다운 승리자의 모습이 우리들의 삶 속에 나타나길 바랍니다.

내일을 위한 삶

  인간의 욕심은 끝이 없는 것 같습니다. 날마다 하루가 지나도록 또 계속적으로 욕심이 생기고 더 나아가서는 욕심 때문에 후회하고 욕심 때문에 심지어는 자살하는 친구들도 우리 주위에서 보게 됩니다. 옛날 속담으로 이러한 이야기가 내려오고 있습니다. "건강한 사람은 희망이 있고 희망이 있는 사람은 모든 것을 소유한다."고 하는 귀한 말씀이 있습니다.

  여러분 마음속에서 아마 각자의 소망이 있고 또 나름대로의 의미가 있고 나름대로의 꿈이 있을 줄로 압니다. 또 어떤 사람은 그 꿈이 하나씩 이루어지는 사람이 있고 어떤 사람은 그 꿈이 자기 삶 속에서 하나씩 잃어져 가는, 꿈과 먼 삶을 사는 친구들도 우리 주위에 있을 줄로 압니다.

  여러분, 오늘을 살아가면서 또한 현대를 살아가면서 어떠한 마음이 드는지 모르겠지만, 현대를 가리켜서 소위 꿈의 실종 시대, 꿈이 없어지는 시대, 꿈이 도저히 우리 삶 속에 나타나지 않는 꿈의 실종 시대에 산다고 우리는 이야기를 듣고 그렇게 말을 하기도 합니다. 여러분은 정말 그러한 삶대로 그러한 꿈대로 살아가는지 아니면 그 꿈과 상관없이 계속 방황하고 고민하고 아파하면서 살아가는지 이 시간 우리 함께 생각해야 할 줄로 압니다.

잊지 말아야 할 것이 꿈이라고 생각할 때 꿈과 욕망, 이것은 다른 것입니다. 어떤 사람은 꿈과 욕망을 혼동해서 자기의 욕망이 곧 꿈이라고 생각하고 자기의 욕망 때문에 죄도 짓고 고민도 하고 참된 꿈을 실현시키지 못하는 사람들이 있습니다. 꿈이라고 하는 것은 꼭 해야 할 일, 그리고 꼭 해야만 자기의 삶을 이룰 수 있는 그것을 우리는 꿈이라고 합니다. 좀 더 한 단계 지나와서 꿈이라고 하는 것은, 남을 섬기고 남에게 봉사하고 남에게 사랑을 줄 수 있는 그것을 우리는 꿈이라고 볼 수 있습니다. 이기적인 마음과 자기만을 위하는 마음속에서 이루어지는 것을 가리켜서 우리는 꿈이라 하지 않고 자기만을 위하는 것에 대해서 우리는 욕망이라고 말할 수밖에 없습니다. 여러분이 가지고 있는 꿈이 이웃을 위하고 친구를 위하고 사랑하는 사람을 위하는 것이라면 그것은 꿈이라고 볼 수 있습니다. 여러분의 마음속에 있는 그것이 자기만을 위한 것이고 자기의 욕망을 위한 것이라면 그것은 욕망이지 꿈은 아닙니다. 그러니까 우리는 내가 꿈을 가졌다 내가 욕망을 가졌다는 것을 구분해서 생각해야 될 줄로 압니다.

어떤 사람은 나이가 많이 들어가면서도 꿈이 있는 사람이 되는가 하면, 나이는 열다섯 살 또한 열일곱 살밖에 안 됐는데 어른이 되어가면서 꿈을 잃는 사람도 있습니다. 우리는 어른이다 젊은이다 얘기할 때 그 사람이 꿈을 가진 사람, 마음속에 소중한 꿈을 가지고 그것을 이뤄 가는 사람을 가리켜 우리는 젊은 사람이고 소망 있는 사람이라고 말할 수가 있는데 마음속에 꿈이 없고 소망이 없고 아름다움이 없을 때, 그 사람을 가리켜서 우리는 소망이 없는 사람, 늙은 사람 그리고 미래가 없는 사람이라고 볼 수밖에 없습니다.

꿈을 가지고 살아가면서 간혹 포기할 때가 있습니다. 우리가 꿈을 가지고 새해를 시작했는데 벌써 삼월이 됐습니다. 일월, 이월, 삼월을 지내면서 어떤 사람은 마음속의 꿈을 포기한 사람도 있을 겁니다.

신년 1월 1일 날 세워 놓았던 소망들이 하나씩 이루어지면서 자기와의 싸움 속에서 승리하는 사람은 소망 가운데, 기쁨 가운데 살아가는 사람이 있는데, 반대로 그 꿈을 이루지 못할 때 소망을 이루지 못할 때 좌절하고 자포자기하고 자살까지 하는 그러한 친구들도 주위에 볼 수가 있습니다. 그러면서 여러분은 고민할 겁니다. '나는 왜 이렇게 진실할 수가 없고 왜 이렇게 내 마음대로 내 뜻대로 소망대로 살지 못하고 고민하는 것인가' 하며 밤잠을 못 자고 고민하는 사람이 있다면 그 사람에게는 소망이 있습니다.

고민 자체는 여러분이 살아 있다는 것이고 여러분의 꿈이 꿈틀거리고 무엇인가를 향해 나아가고 있다고 생각할 수가 있습니다. 그런데 고민조차 없고 자포자기하고 귀를 틀어막고 눈을 감고 점점 편해지고자 하는 사람은 이제 잠을 깨야 될 줄 압니다. 그리고 자기의 삶, 자기의 꿈을 다시 한 번 재조명하고 다시 한 번 현실 위에 백지 위에 자기를 놓고 자기를 바라보며 분석하고 정리하면서 자기를 하나씩 체크해야 될 줄 압니다. 그렇지 않으면 우린 끊임없이 잘못된 길로 계속 들어가게 됩니다. 어느 깊은 곳에 들어가서 다신 나오지 못하는 그런 수렁에 빠져서 고귀한 인생을 잃어버리고 소중한 시간을 낭비하고 잘못된 인생을 살 수도 있기 때문입니다.

오늘 본문에 사도 바울은 이렇게 말하고 있습니다. '내가 이미 얻었다 함도 아니요 온전히 이루었다 함도 아니고……, 오늘의 미완성, 오늘의 현실, 오늘의 이 상태를 그대로 직시하면서 우리에게 내일의 삶에 대해서 이렇게 소망을 주고 있습니다. 저는 그런 경험을 여러분이 했을 줄 알기 때문에 함께 얘기를 나누고자 합니다.

수학여행을 가는 전날 밤에 굉장히 잠을 못 잤던 기억이 납니다. 지나고 나면 별일이 아닌데 여행하기 위해서 떠나는 마음은 굉장히 두근거리고 소망에 차고 밤잠을 못 잡니다. 왜냐하면 몸도 똑같이 피곤한 상태인데 내일의 수학여행, 내일 여행이 있다고 하는 생각

속에서 밤잠을 못 자고 들뜨고 정신이 또렷또렷해지는 것입니다.

그런데 어떤 친구는 밤에 책만 들면 잠자는 친구가 있습니다. 아마 여기서 웃는 친구들도 그런 경험들이 있는 줄 압니다. 그럴 때를 잘 분석해 보면 그 친구에게는 내일의 수학여행과 버금갈 만한 뚜렷한 삶의 목표가 없기에 잠이 오는 것입니다.

목표가 투철한 사람, 목적의식이 투철한 사람, 그리고 자기 삶의 의지와 자기 삶의 도리가, 정확히 보이는 사람은 자지 않아야 할 시간엔 결코 자지 않습니다. 자꾸 졸고 자고 딴전을 피우는 것은 우리의 삶의 목표가 흐릿하기 때문에 그런 것입니다. 자기 삶의 목적이 분명한 사람은 흔들림이 없습니다. 책을 보는 순간 자기의 목표와 현재가 일직선 상으로 뚜렷하게 보이기 때문에 우리는 오늘의 현실을 극복하고 꿋꿋이 잠을 이기면서 공부할 수가 있습니다. 책을 펴고 영어단어 하나만 외우면 잠이 오고 딴 생각을 하게 되는데, 옆방에 가서 TV 볼 때는 잠이 다 달아나기도 합니다.

그건 잘못된 것입니다. TV 보면서 조는 사람은 정말 피곤한 사람이라 볼 수 있는데, TV 볼 때는 정신이 멀쩡하고 공부하려고 책을 펴면 졸리고 하는 그 사람은 자기의 삶의 목적이 불분명하고 의미 없는 삶을 하루하루 살기 때문에 그렇습니다.

저는 70세까지의 삶의 graph를 그려 났습니다. 그리고 70세까지만 살아야겠다고 마음을 먹고 33살까지 정해 놓았는데, 33세가 예수님이 십자가에 달려 돌아가신 공생의 마지막 기간입니다. 그런데 제가 33살이 됐어요. 그리고 올해 들어서면서 공생의 마지막 예수님이 마지막 삶을 살았던 한 해를 내가 어떻게 살 것인가 하는 저의 삶의 graph로 보면 그때는 뭔가 이루어 놓았어야 되고, 뭔가 됐을 것 같던 의미 있는 그래프가 있었습니다. 요즘 생각해 보니까 33살이 됐을 때, 내가 원했고 내가 바랐던 삶의 그래프가 그려지질 않고 있다는 것입니다. 그래서 고민을 하고 지금 나름대로 번민하고 밤잠을 못 자고 있습니다. 그러면서 저의 삶의 의미를 다시 되새기게 됩니다. 33년간 내가 과연 무엇을 하고 어떻게 살았는가 돌이켜보면 굉장히 슬펐던 일도 있고, 엉엉거리고 울 때도 있었고 굉장히 기뻤던 때도 있었습니다. 세상이 다 내 것인 것 같은 그런 기쁨의 때도 있었습니다. 그러면서 33년이라는 기다면 긴 나이에 들어섰고 그리고 3월이 되었습니다.

자, 여기서 사도 바울이 우리에게 이렇게 말합니다. 뒤의 것을 생각하지 말고 앞에 하나님이 너희를 부르심에 합당한 삶을 살라고. 만일에 제가 33년을 살고서 뒤돌아서서 1살 때부터 33세를 되씹어도 그 삶은 다시 나에게 오지 않고 그 삶은 나에게 의미 없는, 지나간 삶에 불과하게 됩니다. 여러 분도 15, 16년의 삶을 돌이켜도 그것은 다시 돌아오지 아니하는 삶입니다. 내일을 위하는 사람은 33년의 삶을 뒤로 놓고 34, 35, 36 다시 다가올 나의 삶을 바라보면서 새로운 graph를 계속 그리면서 삶의 스케줄을 잡아 놓고 계속 나아가는 사람이 지혜로운 사람이요 의미 있는 삶을 살 수 있다고 생각을 합니다.

여러분은 왜 살아가는지 한번 스스로 물어보았으면 좋겠습니다. 왜 여러분이 아침식사를 하고 왜 학교를 가고 왜 친구들을 사귀고 무엇인가를 위해서 열심히 생활하는데, 왜 살아가는지 그 살아가는 삶이 추상적이고 그저 허황된 무의미한 삶의 스케줄이 아니라 분명하고 구체적이고 확실한 삶의 graph가 정확히 있어야 합니다. 여러분 수첩에다가 월요일에는 내가 이것을 할 것이고 이번 주에는 내가 이 일을 할 것이고 하면서 하나씩 백지와 같은 여러분의 일기장에 좋은 것으로 아름다운 것으로 메모리해 나가야 합니다. 그리고 계속 하나씩 축적해 나갈 의미 있는 삶으로 변할 줄 압니다.

사도 바울은 뭐라고 말씀하시냐 하면 쫓아가는, 달려간다고 하는 것이 나오는데, 삶은 여러분이 가만 기다리고 물이 흐르듯이 오는 삶을 받아들이는 사람이 있고 오는 삶을 자기가 적극적으로 뛰어가 쫓아가는 사람도 있습니다. 그런데 우리는 수동적으로 받아들이는 것이 아니라 한 단계 뛰어넘어서 내게 다가오는 삶을 적극적으로 뛰어가는 그런 삶이 필요한 것 같습니다. 내게 지금 삶이 다가오고 있습니다. 삶의 도전들이 계속 오고 있는데 이 삶을 끊임없이 당기면서 계속적으로 나아가는 사람, 좀 어렵고 힘든 삶일지도 모르지만 그러면서 나아갈 때 자기가 살아 있음에 대한 의미를 갖고 자기가 살아 있음에 대한 존재가치를 가지고 우리는 살 수가 있습니다. 어떤 사람은 인생의 의미를, 자기의 존재가치를 모르기 때문에 동물과 같이 사는 사람이 있습니다. 먹고 마시고 자고, 무의미하게 하루하루의 삶을 본능적으로 살아가는 사람들이 있습니다. 자고 싶을 때 자고 먹고 싶을 때 먹고 무계획적이고 의미 없이 하루하루를 지냅니다. 그리고 일주일이나 참회기도 할 때 하나님 앞에 '나는 먹고 마시고 자고 아무것도 한 일이 없습니다.' 그렇게 기도할 것이 아니라 우리는 일주일을 살아가면서 이 일주일이 어떤 면에서는 여러분에게 마지막이다고 생각하면서 아주 의미 있게 지내야 합니다. 그래서 자기 삶에 후회 없는 삶을 살기 위해서 일주일이 다 지난 다음에 뭔가 하나씩 남아야 되지 않겠습니다. 사랑하는 친구도 하나씩 생겨야 되고 좋은 일도 하게 되고 또 나중에 언젠가 됐을 때 자기의 자그마한 이력서지만 — 하나님 앞에 여러분이 이력서를 제출할 텐데 — 하나님이 원하시는 아름답고 소중한 이력서의 글들이 가득하길 바랍니다. 글 속에 자기만이 할 수 있는 소중한 일들, 자기만이 써야 할 비밀스러운 일기들이 하나씩 채워져야 합니다. 그렇지 않고 모든 사람과 획일화되어 똑같은 일기장을 만들어 간다면, 그것은 의미 없는 것이 됩니다.

또 하나, 우리가 짚고 넘어가야 될 것은 우리가 미래를 모른다는 것입니다. 여기 내일 자기가 어떻게 될 것이라고 알고 있는 사람은 아무도 없을 줄 압니다. 우리는 미래를 모르기 때문에 계획을 세웁니다. 미래를 알면 계획을 세울 필요가 없습니다. 미래를 모르기 때문에 우리는 모험을 하게 되는데, 자기의 미래 삶을 정확히 안다면 우리는 모험할 필요도 없습니다. 그래서 자기가 계획을 세우고 모험을 해야 하는데, 두 가지의 문제점을 잊지 말아야 될 줄 압니다.

우리 인간에게는 한계성이 있습니다. 다시 말하면 두 다리가 없는 사람은 그가 아무리 육상선수가 되고 싶어도 육상선수가 될 수 없습니다. 자기의 제한성, 자기의 limitation, 자기가 이것밖에 안 된다고 하는 한계를 분명히 빨리 알아야 합니다. '나는 이러한 사람이 될 것이다' 그런데 그 한계를 모를 때 우리는 엉뚱한 삶을 살게 됩니다. 자기 한계를 알 때 '나는 여자다'라고 할 때 여자로서의 분명한 한계가 있는 것입니다. 남자는 여자가 될 수 없고 여자는 남자가 될 수 없습니다. 그리고 자기 나이의 한계가 있습니다. '나는 15살이다'라고 하는 그러한 어쩔 수 없이 주어진 현실의 한계가 있습니다. 15살의 학생이 지금 결혼하겠습니다 하고 아무리 집에다 졸라 봐도 그 한계성을 이겨 나갈 수가 없습니다. 학생인데 지금 돈을 벌겠다고 아무리 떼쓰고, 아무리 머리가 기발하여 돈을 벌 수 있다 할지라도 그것은 제대로의 길을 갈 수 없는 것입니다. 많은 사람들이 자기의 한계성을 잃어버리고 망각하고 잘못 살고 있습니다. 노래를 못하는 사람이 '내가 조수미처럼 성악을 하겠습니다.' 하며 아무리 떼써 보고 철야를 하고 해도 그것은 될 수가 없는 일입니다. 그와 마찬가지로 여러분 스스로에게 하나님이 주신 이미지가 있고, 하나님이 여러분에게 주신 자화상이 있습니다. 그것을 self-image라고 합니다. 여러분만이 그릴 수 있는 여러분의 자화상이 있습니다. 그렇다면 여러분에게 하나님께서 백지를 한 장씩 주셨다고 생각해 보십시오.

다 백지를 한 장씩 가졌다고 생각해 봅시다. 그리고 15년 동안, 저는 33년 동안 자화상을 그린 것입니다. '나는 이러한 사람입니다.'

라고 하면서 자화상을 그리는데 그 자화상이 10년 전에 그린 것과 지금과 똑같아선 안 됩니다. 자기의 자화상은 날마다 변해야 하고, 계속적으로 아름답게 멋있게 소중하게 하나씩 채워져야 합니다.

여러분, 초등학교 들어가기 전의 유치원 아이들이 그림 그리는 걸 보면 아주 신기하게 그립니다. 우리는 무슨 그림인지도 모르고 무슨 뜻인지도 모르지만 그림을 보면 그 그림을 보면서 스스로 만족해합니다. 그때 그 그림이 10년이 지나 이제 중학교 1, 2, 3학년이 되었는데도 그때나 지금이나 똑같은 그림을 그린다면 그 사람은 어딘가 잘못된 사람일 것입니다. 지금은 좀 멋있게 좀 색다르게 새로운 차원으로 그릴 것입니다. 무슨 말씀이냐면 중학교 1, 2, 3학년, 이 엄청난 순간이 급변하고 있다는 것입니다. 그런데 여러분의 자화상은 변하지 않고, 그대로 여러분 마음속의 self-image가 변하지 않은 채 그대로 있다면 그것은 게으른 사람이요 잘못된 사람이요 스스로 반성해야 될 사람이라는 것입니다. 좀 더 구체적으로 1월 달에 태어났던 여러분의 image 자화상이 3월이 되면서 변해야 한다는 것입니다. 꽃 피고 봄이 오는 귀한 때가 왔을 때 나는 어떻게 될 것인가 아침마다 여러분의 자화상을 그려야 합니다. 마음속으로 '나는 오늘 이러한 사람이 될 것이다. 나는 이러한 사람으로 살아야 되겠다.'고 다짐해야 합니다.

여러분 마음속에 하나님이 주신 고귀하고 소중하고 아름답고 창조적인 image가 다 심겨져 있는데 어떤 사람은 하나님이 원하지 아니하는 나쁜 image를 자꾸 마음에 심고 그 image대로 하루를 생활한다면 여러분의 삶이 그렇게 잘못 변하게 됩니다. 하나님이 주신 고귀한 image를 마음에 심고 하루하루를 생활할 때 여러분은 그렇게 소중하고 아름다운 image로 변화되는 것입니다.

제한성과 함께 또 한 가지 잊지 말 것은 가능성입니다. 내가 어디까지가 가능하다고 하는 dead line을 빨리 정해야 합니다. 나는 60세까지, 나는 33세에 여기까지 올 것이라 하는 dead line을 정해 놓고 열심히 노력하면 분명히 그 선까지 옵니다. 죄송한 말씀이지만 33세에 나는 이렇게 될 것이다 했는데 거의 근접지에 와 있습니다. 거의 다 이루어진 것 같습니다. 그리고 34세에는 어떻게 될 것이고 35세에는 어떻게 될 것이고 하며 자기의 삶을 자기 방식대로 하나씩 이끌어 나가야 합니다.

그리고 제한성과 가능성, 이 두 기둥을 놓고 또 하나 생각할 것이 있습니다. 그것은 자기의 바른 가치관을 정립하는 겁니다. 오늘 아침에도 선생님과 귀한 얘기를 하면서 오늘날 왜 학생들이 우리 때와는 너무나 달라지는가 하면서 귀한 진리를 함께 나누며 귀한 것을 깨달았습니다. 많은 사람들이 우리 때와는 다릅니다. 저도 여러분만 할 때 어른들이 '우리 때는 안 그랬는데 왜 저럴까' 하는 이야기들을 이해 못 했는데 요즘 33세가 되고 보니까 조금 이해가 되는 것 같습니다. 저희 때만 해도 image 속에 은은하고 끈기 있고 아름다운 점도 있었습니다. 그런데 오늘날은 굉장히 획일화되는 것 같습니다. 가치관이 없고 다들 단순해지고 생각하는 것도 의식하는 것도 마음도 다들 일관성 있게 획일화시켜 주는 것 같습니다. 우리 변 선생님은 매스미디어가 이렇게 만들었을 것이다 하시는데 저도 상당히 공감이 갑니다. TV가 주는 영향, 홍보가 주는 효과가 자기도 모르게 의식화되고 자기도 모르게 잘못되게 가치관이 변하고 말았습니다. 이제 우리는 우리의 것을 찾기 위해서 그런 것들을 끊을 줄 알아야 합니다. 끊는다는 것은 아무 소리도 안 듣고 혼자 고요히 자기 소리를 듣는 연습을 해야 되는 것을 뜻합니다. 침묵이 주는 음성, '사랑해 사랑해'가 주는 메시지가 아니라 내가 가지고 있는 사랑의 메시지는 무엇인가, 내가 가지고 있는 인격은 무엇인가, 내가 가지고 있는 사랑이란 무엇인가 하고 자기의 것을 자꾸 찾는 연습이 필요합니다. 그래야만 인간다워지고, 창조적인 인간이 되고, 개성적인 인간이 됩니다. 자꾸 매스미디어를 접하다 보니까 내 친구와 나의 생각이 비슷해집니다. 우리는 뭔가 좀 달라야 합니다.

임마누엘 칸트가 한 말 중에 귀한 말을 다시 한 번 말씀드립니다. "You can do it because should do it!(당신은 그것을 할 수 있다. 왜냐하면 그것을 해야만 하기 때문에.)"

여러분, 하루를 생활하면서 내가 오늘 이것을 해야 한다 계획을 세워놓았을 때 이것을 꼭 해야만 된다고 하는 당위성을 붙일 때 우리는 그것을 할 수가 있습니다. 이것을 해도 그만이고 안 해도 그만이다고 하는 안일한 생각을 할 때보다는 나는 꼭 대학에 가야 한다고 하는 당위성을 확실히 세워 놓았을 때 우리는 갈 수가 있습니다. 그런데 가도 그만이고 안 가도 그만이다고 하는 흐릿한 가치관을 가질 때 우리는 그것을 이룰 수가 없습니다.

가치관과 함께 바르게 세워야 할 것은 우리의 가치관 혼동 정립입니다. 다시 한 번 예수 그리스도를 통해서 우리의 가치관을 정립해야 합니다. 많은 기준들이 있습니다. 또한 오늘날 포스트모더니즘도 있고 다원화 시대도 있고 어떠한 것이 진리인지 모르게 혼란스럽게 되고 있습니다. 그때마다 우린 다시 한 번 성경으로 돌아오고 다시 한 번 예수 그리스도 앞에 돌아오고 다시 한 번 십자가 앞에서 내가 나 된 존재의 가치를 느끼고 새롭게 자기를 정리해야 될 줄 압니다.

의로운 사람

　오늘날 많은 문제들이 있는데 여러분은 그 문제들 중 가장 큰 문제가 무엇이라고 생각하는지 모르겠습니다. 어떤 사람들은 그 문제가 죄의 문제라고 말하고 또 어떤 사람들은 핵의 문제, 다시 말하면 핵폭탄이 언제 터질지, 터진다면 지구가 가루가 될 텐데 하며 불안에 떨고 있습니다. 또 어떤 사람은 먹을 물이 없을 정도로 오염되고 숨쉴 수 없을 정도로까지 된 지구의 환경 문제를 바라보면서 고통스러워하고 아파하는 사람들이 있을 것입니다. 그러나 오늘 우리가 생각해야 할 가장 큰 현대의 위기는 다름이 아니라 의로움이 없는 것이 가장 큰 고통이요, 아픔이라고 생각합니다. 다시 말해 정의가 없는 오늘, 공의로움이 없는 오늘, 부정과 부패가 있고 거짓이 가득 찬 오늘을 바라보면서 우리는 문제의식을 가져야 됩니다. 아마 가슴에 손을 얹고 이제껏 시험을 보면서 부정을 한 번도 안 하고 양심껏 공정하게 시험을 본 사람이 몇이나 있는지 한번 생각해 보십시오. 적어도 자기의 양심을 속이지 않는 사람은 없을 것이라 생각합니다. 며칠 전에 학기말 시험이라서 어떤 분을 돕기 위해 대신 시험 감독을 들어간 적이 있었습니다. 그런데 그중 어떤 사람은 자기를 속이고 시험 감독자를 속이고 자기의 동료들을 속이면서까지 부정하는 것을 보게 되었습니다. 저만 본 것이 아니라 저와 같이 다른 반에 시험 감독을 들어갔던 친구도 기가 막히게 커닝하는 것을 보았다고 합니다. 커닝하는 그날 유독 그 반에는 미니스커트를 많이 입고 왔다고 합니다. 그래서 그 친구가 감독을 할 때 어디에 눈을 두어야 할지 모르는 것을 이용해 시험을 커닝하는 것을 목격했습니다. 그것을 보며 하나님의 말씀을 배운다고 하는 신학교에 부정과 부패가 있다는 것을 알았습니다. 어떤 사람은 이렇게도 이야기를 합니다. 오늘날 한국 교회가 문제가 있는 것은 신학교에서 잘못 배웠기 때문이며 또한 잘못 교육시킨 분들에게 문제가 있다고 서로 책임 전가를 계속하지만 저는 누구의 책임이 아니라 바로 우리의 문제이고 각자의 문제라고 생각합니다.

그러나 의를 사모하고, 의를 추구하고 의를 바라는 곳에서 마태복음 5장에서 주시는 교훈은 "의에 주리고 목마른 사람은 복이 있나니 저희가 배부를 것임이요."라고 말하고 있습니다. 인간은 여러 가지 차원에서 살고 있는데 첫째는 하나님과의 관계 차원이 있습니다. 또 하나는 나와 다른 사람, 이웃, 친구와의 관계이고 또 하나는 나와 물질과의 관계가 오늘 우리가 살고 있는 이 시점의 모습입니다. 그러나 우리가 깊이 인식해야 할 대목은 정의가 있고 파워가 있는 삶을 살기 위해서는 먼저 일차적 관계인 하나님과 나와의 관계가 수직적으로 올바르게 서 있을 때 강한 힘을 발휘할 수 있습니다. 여러분, 거짓말을 하기 위해서는 많은 말이 필요합니다. 진실한 말과 거짓된 말을 구별할 수 있는 방법은 여러 가지가 있겠지만 진실한 말은 미사여구를 별로 붙이지 않습니다. 그냥 솔직하고 담백하고 간결합니다. 그런 글들은 대부분 솔직한 글들입니다. 그러나 여러분이 편지를 받아보면 편지 속에는 여러 말들이 있는데, 앞에 '존경하는 누구' 하며 서론이 짧으면서도 강합니다. 그러나 거짓된 말들은 그 앞에 많은 수식어구와 미사여구가 붙습니다. 무슨 말씀이냐 하면 우리가 하나님과 이웃과의 관계가 올바로 서면 비록 말소리가 작다 해도 그 말은 힘이 있습니다. 그런데 사람들의 논쟁을 들어보면 정말 진실한 말은 침묵을 지킬 때가 있습니다. 그러나 거짓된 말일수록 자신이 없을수록 큰소리를 칩니다. 그래서 상대방을 위압시키고자 하는 것이 하나의 인간의 본성이기도 합니다. 자동차 운전하시는 분들의 말을 들어보면 정말 잘못을 안 한 사람은 별로 말이 없다고 합니다. 그러나 자기가 실수한 사람은 큰소리를 친다고 합니다. 그래서 큰소리로 상대방을 위압하고 자신을 변호하는 것을 봅니다. 진리를 추구하고 진리 편에 선 진리의 대표되시는 예수님은 십자가 상에서 여러 가지 말로 변명하지 않으셨습니다. 그 상황을 살펴보면 예수님은 묵묵히 끝까지 침묵을 지키셨습니다. 그러나 그 침묵 속에서 커다란 대답이 있었습니다. 누가 보아도 그 속에는 대답이 있었고 그것은 힘이었습니다. 그 가운데서 만일 예수님이 나는 십자가를 질 수 없다고 많은 말로 변명을 했다면 예수님의 위대함이 상실되었을지도 모르겠습니다.

우리가 마태복음 5장의 3~5절을 넘어가면서 심령이 가난한 자, 온유한 자, 애통하는 자 이렇게 세 가지로 분류해 봅니다. 이 세 가지는 거의 자기 자신에 대한 문제였습니다. 그런데 6절로 가면 의로움에 대해 말합니다. 의로움은 나만의 의로움이 아니라 타인과의 관계성 속에서 의로움이 나타납니다. 다시 말해 3~5절을 묶어보면 나에 대한 것이지만 6절로 넘어가면 이웃, 친구와의 관계성 속으로 확산되는 것을 보게 됩니다. 우리가 또 하나의 위대한 힘을 나타낼 수 있는 것 중의 하나는 플라톤이 이야기한 것 중에 공화국에 대해 이야기한 것이 있는데 그가 가장 높이 내세웠던 슬로건은 정의였습니다. 나라도 올바로 서기 위해서는 군사력의 문제가 아니고 그것은 정의로운 나라도 성숙해야 한다고 말하고 있습니다. 정의가 없고 부정이 있는 나라, 그것은 극과 극입니다. 정의가 없고 부정한 나라는 아무리 부강해도 얼마 못 가서 쓰러지고 맙니다.

그러나 아무리 가난하다고 할지라도 그 나라가 정의를 추구하면 소망이 있습니다. 하나의 가정을 보아도 그 가정이 잘사느냐 못 사느냐를 논할 것이 아니라 정의로운가, 정의롭지 못한가를 보아야 합니다. 정의로움과 사랑이 있는 가정은 소망이 있습니다. 한 개인으로 보아도 그가 건강한가 하는 것은 그가 배웠든 못 배웠든 부유하든 가난하든 그것이 문제가 아니라 그의 본질이 무엇을 추구하느냐에 있습니다. 물론 잊지 말 것은 기독교는 저나 여러분이나 전적인 타락, 다시 말해 죄를 갖고 태어났고 인간은 의로울 수 없는 존재임을 우리는 먼저 시인해야 합니다. 이것이 불교와 다른 점입니다. 불교는 스스로 깨달아 가는 종교입니다. 다시 말해 자각 또는 자성이라고 합니다. 커다란 깨달음으로 스스로 부처가 된다고 합니다. 우리의 마음속에 빛이 있고 진리가 있다는 것이 불교이고 부처를 믿는 사람입니다. 부처 자신의 진리이고 스스로 빛을 발한다고 말합니다. 그러나 기독교는 스스로 아무리 보아도 우리 속에는 빛이 없고 진리가 없고 사랑이 없습니다. 그래서 우리는 사랑의 근원이고 진리가 되는 그분과 연계점을 가지고 접촉해야 합니다. 그러나 우리 스스로 할 수 없기 때문에 연결시켜 주고 접촉시켜 주는 분이 바로 예수님이라고 믿고 따르고 고백하는 것이 기독교입니다. 그런데 우리 스스로는 누군가를 향해야 되는데 의로움을 향할 때 그에게는 소망이 있습니다. 세상을 따르면 자칫 불의한 자와 함께하기 때문에 세상을 멀리하고 그리스도를 본받으라고 하고 있습니다. 우리가 잊지 말아야 할 것은 '불의함, 거짓이라고 하는 것', 해 본 분은 다 알 텐데 거짓을 한번 하면 그것으로 끝나는 것이 아니라 또 다른 사슬을 갖고 있습니다. 그래서 한 번의 거짓말이 두 번의 거짓말이 됩니다. 작은 것으로 시작된 것이 그것을 변호하기 위해 또 다른 거짓말을 해야 하고 또 다른 사람의 입을 막아야 하고 죽여야 합니다. 그러므로 작은 불의이지만 커다란 죄악을 낳게 되는 것을 보게 됩니다. 더 나아가서 불의

한 자는 복잡하게 됩니다. 죄를 지으면 신경병에 걸립니다. 좀 더 지나치면 정신병이 됩니다. 여러분이 마음을 깨끗하게 가지면, 잠이 안 오고 머리가 아파도 약을 먹을 필요가 없습니다. 잠이 안 오고 머리가 아프고 점점 날카로워지는 근원적이 이유는 여러분이 불의한 삶에 동참했을 때입니다. 불의한 것을 막아 보기 위해서 인간의 힘을 동원시키니까 에너지가 머리로 가는 겁니다. 그래서 본래대로 올바른 관계형성을 이루고 하나님과 나와의 관계가 좋고 사람과의 관계가 평안하고 온전해 질 때 결코 아픔이 없습니다. 아플 수가 없습니다. 그러나 불의한 일에 동참하고 불의한 일을 행하게 될 때 우리는 불안에 떨게 됩니다. 사람들이 죄를 지었을 때 공통된 점은 길거리에 다니면 경찰들이 그렇게 많이 보인다고 합니다. 사람마다 다 자기를 잡으러 오는 것 같다고 합니다. 그런데 붙잡히고 나서는 그렇게 편안하고 자유로울 수가 없다고 합니다. 우리가 아는 율곡 선생은 "언제나 의를 행하라, 죄 없는 사람 하나 죽여서 천하를 얻는다 해도 그 길을 가지 말라."고 말했습니다. 우리가 어떤 일을 하기 위해서 어떤 불의를 저지르고 수단과 방법을 동원한다면 올바른 삶이 될 수 없습니다. 본문에 나오는 또 다른 것을 지적해 보면 목마름에 대해 나옵니다. 의에 주리고 목마른 자는 복이 있다고 했는데 우리가 등산하다 보면 물이 없을 때의 심정을 느껴 보았을 줄 압니다. 굉장히 갈증이 날 때, 이 당시의 비유로 이야기할 때는 낙타까지도 죽이고 ― 낙타를 죽인다는 것은, 곧 자신도 죽을 거라는 ― 잠깐 동안의 생명을 유지하는 겁니다. 왜냐하면 자기는 낙타 없이는 사막에서 죽을 것입니다. 낙타를 죽여 그 물을 먹으면서 생명을 유지하는 그런 상황 속에서 오늘 이 말씀이 전개되는데 우리는 인간의 기본적인 욕구를 의, 식, 주, 즉 먹는 것, 입는 것, 자는 것이라고 하는데 일차적 욕구는 먹는 것입니다. 그러나 우리는 불편하게 먹는 것을 일 년에 한 번씩만 밥을 먹고 일 년씩을 생활하면 참 좋을 텐데 하루에 세 번씩을 꼭 먹어야 합니다. 그런데 의로움이라고 하는 것도 굶주린 것과 똑같아요, 먹는 것과 똑같아요, 다시 말씀드리면 내가 한 번 먹고 두 번 먹고 세 번 먹듯이 의에 주린 자는 의로움을 계속적으로 행해야 됩니다. 지속적인 의를 행하지 않고는 우리는 불의할 수밖에 없습니다. 계속 선한 일을 하다가도, 계속 충성된 일을 하다가도 한번 잘못하면 역적으로 몰립니다. 아무리 선하고 진실하게 산다 할지라도 어느 날 한번 죄를 짓게 되면 그는 죄인이 되게 됩니다. 의로움이라고 하는 것은 어제 아무리 먹어도 오늘 배고프듯이 오늘 아무리 진실하고 올바르게 살았다 해도 내일 불의하면 내일 굶주린 자가 됩니다. 의로움과 먹는 것은 똑같이 비례합니다. 의로움이라고 하는 것은 거저 얻어지는 것은 결코 아닙니다. 계속적인 노력이 필요합니다. 그것을 기독교적으로 말하면 성화라고 합니다. 계속적으로 끊임없이 의로워야 합니다. 아름다운 별을 계속 바라보는 삶이 필요합니다. 가지는 못해도 별을 향해 깨끗한 마음으로 계속 추구하는 마음이 있어야 됩니다. 좀 더 나아가서 마귀는 우리에게 뭐라고 요구하냐면 능동적인 의를 요구합니다. 우리가 스스로 의롭다 할 수 있을 정도로 자꾸 부추깁니다. 내가 의로워질 수 있는 것처럼 생각하게 하는 것은 마귀가 하는 것입니다. 그러나 그리스도가 우리에게 요구하는 것은 수동적인 의를 요구하고 계십니다. 마귀는 능동적인 의를 요구하고 그리스도는 수동적인 의를 요구한다는 것은 루터가 말한 것입니다. 마귀가 원하는 것은 능동적으로 스스로 의로워진다고 계속 이야기하고 있습니다. 그러나 그리스도께서 우리에게 요구하고 있는 것은 나는 결코 의로워질 수 없고 그리스도의 빛이 발해서 의로워질 수 있다고 말합니다. 우리는 나무꾼의 이야기를 잘 알고 있습니다. 한 나무꾼이 나무를 하러 산에 올라가서 나무를 하고 저 먼 산의 바위를 바라보면서 잘 생겼다고 생각하고 내려오면서 그 바위가 마음속 깊이 새겨졌습니다. 어느 날 친구와 함께 올라가서 그 바위를 보며 이야기합니다. 저 바위가 그렇게 인자하고 잘생겼다고, 그런데 그 친구가 가만히 보니까 바위의 얼굴이 친구의 얼굴과 같았습니다. 이것은 우리에게 중요한 교훈을 줍니다. 우리가 계속 세상을 바라보면 우리의 모습이 이 세상처럼 변하게 됩니다. 그러나 그리스도를 바라보고, 별을 바라보고, 바위를 바라볼 때 우리는 그리스도의 얼굴처럼 될 수 있습니다.

"의에 주리고 목마른 자는 복이 있나니 저희가 배부를 것임이요."

의로움으로 배부른 자의 기쁨은 아마 우리 그리스도인만이 갖는 아름다운 기쁨이라고 볼 수 있을 겁니다.

하나님의 것은 하나님께

    아마 현대인들을 여러분이 볼 때는 갈수록 강해져 가는 그러한 점을 느낄 수 있을 것 같습니다. 모든 과학에 문명이 그렇고 또한 각자가 지식적으로 아는 바가 너무나 많아지다 보니까 상당히 강해 보입니다. 그런데 문제는 그 강해짐에 비례하여 거꾸로 사람이 점점 약해지고 있다는 것을 볼 수가 있습니다. 약해지고 연약해지고 그리고 부족한 것을 꼭 채워야 할 것이 있는데, 꼭 그것을 메워야 할 것이 있는데, 그것을 메우지 않고 다른 것으로, 메워서는 안 될 것들로, 또한 채워서는 안 될 것들로 채워 가고 있는 것이 바로 오늘 우리들의 모습이고 우리 현대인들의 문제라고 생각됩니다.

    또 하나 문제가 있다면 여러분 각자에 우상이 있어요. 어떤 사람은 공부가 최고로, 나의 우선순위를 공부에 놓고 생활하는 사람이 있습니다. 그 사람은 공부가 하나에 우상일 수가 있습니다. 어떤 사람의 집에 가 보면 그 방에다가 자기가 좋아하는 가수 사진을 붙여 놓고 또 거기에 관계된 모든 자료를 정리하고 그러면서 그것이 자기의 우상인 양 바라보는 사람이 있습니다. 또한 학교에서도 그런 친구들이 있을지 모르겠습니다. 책받침을 책받침으로 쓰려고 하는 것이 아니라 자기가 좋아하는 우상을 코팅처리 해 가지고 다니면서 공부하면서 한 번 보고 또 잠 잘 때 한 번 보고 그러는 친구들이 있을지 모르겠습니다. 그 마음속에는 그 사람이 하나의 우상으로 꽉 자리 잡고 있습니다. 그래서 가다가도 그 사람의 노래가 나오면 정신을 못 차리고 자기가 해야 할 본연의 자세를 순간적으로 잃어버리는 그러한 사람도 있습니다. 어떤 사람은 그 마음속에 꼭 있어야 할 하나님이 마음속에 자리 잡고 주위의 환경이 어떻게 변하든지 전쟁이 일어나든 또 주위 환경이 어떻게 변하든 요동치 않고 자기중심대로 생활하는 사람이 있습니다. 그러나 주위에서 우리는 계속적으로 유혹을 받고 있습니다.

지금 이 순간에도 바로 옆의 친구가 여러분을 유혹할 수도 있고 여러분 마음속에서 또 하나의 요구가 계속 일어나고 있을 수도 있습니다. 하나님의 뜻이 아닌, 다른 뜻의 마음이 계속 마음속에 오고 있을지도 모릅니다. 그런데 중심이, 심지가 곧은 사람은 그러한 유혹에 휩쓸리지 않고 그러한 유혹에 요동치 않는 것을 보게 됩니다. 문제는 자신에게 있습니다. 더 구체적인 문제는 여러분의 선택에는 자유가 있다는 것입니다. 여러분이 누구를 선택하느냐에 따라서 또 여러분이 어떠한 길을 선택하느냐에 따라서 길이 있고 일이 있고 많은 삶의 목표가 있습니다. 그런데 어디에 목표를 두고 자기가 선택을 했느냐에 따라서 삶이 굉장히 달라집니다. 심지어는 자기 배우자의 선택에 있어서도 누구를 배우자로 선택했느냐에 따라서 여러분의 삶이 좋아질 수도 있고 또한 나빠질 수도 있고 성공할 수고 있고 실패할 수도 있습니다. 여러분의 삶이 지금 가장 중요한 때라고 저는 생각합니다. 여러분 마음속 깊은 곳에 지금 무엇을 심고 있느냐, 그것이 바로 하나의 추수의 열매로서 또한 추수의 윤리로서 반드시 나타나고야 말 것입니다.

우리가 하나님이라는 단어를 God라고 합니다. 그런데 하나님을 거역하고 하나님의 뜻이 아닌 사람을 향하여 나아갈 때 God라는 영어단어를 spelling을 거꾸로 놓을 때 dog가 됩니다. 하나님을 거역하고 하나님의 생각에 거슬리는 모든 생각을, 우리는 욕을 할 때 dog, 그것을 앞에 놓고 욕을 해야 합니다.

그런데 하나님과 반대되는 모든 것들은 바로 그와 같습니다. 우리가 하나님을 하나님 되게 섬기지 않고 생활할 때 첫 번째 일어나는 것은 생각이 허탈하게 되는 것입니다. 다시 말하면 생각하는 것이 허망 생각을 하게 되고 쓸데없는 생각이 머릿속에 자리 잡기 시작합니다. 그것이 하나님을 하나님 되게 섬기지 못하는 첫 번째 작업으로 시작이 됩니다. 그래서 자기의 삶이 무의미해지고 보잘것없게 되고 자기가 생활한 하루의 삶이 별로 중요하다고 생각되지 않습니다. 그래서 즐거움을 찾고 더 좋은 것을 찾고 더 나아가서는 안 될 글들을 향하여 나아가는 것이 바로 하나님을 마음 깊은 곳에 섬기지 아니했던 첫 번째 작업으로 시작됩니다.

두 번째로 넘어가서 이제 하나님을 섬기지 않고 한 인간을 섬기게 됩니다. 더 나아가서는 동물을 섬기고 숭배하기까지 합니다. 이것이 마음 깊은 곳에 하나님이 없는 사람들에게 나타나는 두 번째 작업니다. 우린 누군가를 섬기고 살아야 됩니다. 하나님을 섬기든지 아니면 사탄을 섬기든지 그래서 미국에는 사탄교회가 있습니다. 교회 이름이 사탄교회입니다.

그곳에 가보면 거기에는 그것으로 위로를 받고, 마귀에게도 힘이 있는데 마귀에 힘입어서 살고 있습니다. 여러분도 어떤 힘에 의해서 지금 살고 있습니다. 그것이 어떤 사람은 지식의 힘에 의해서 살고 있고 어떤 사람은 잘 먹어서 그 먹는 것을 위해서 사는 그 힘에 의존하는 사람이 있고, 어떤 사람은 자기 엄마 아빠를 믿고 생활하는 삶이 있습니다. 그런데 정말 변하지 아니하시는 하나님, 그 하나님을 섬기고 믿는 사람들은 눈동자가 다릅니다. 여기서 제가 보면 눈동자가 누구를 섬기고 있는지 정확하게 파악하진 못하지만 하나님을 섬기고 있는 사람들의 눈의 마주치면 느낌이 옵니다. 저분은 하나님이 마음속에 있고 하나님을 섬기고 있다는 것을, 하나님을 섬기되 곧고 바르고 확실하게 섬기는 사람들의 눈동자는 또렷또렷하고 눈으로 사람이 말을 하고 있습니다. 세 번째로 넘어서 하나님을 하나님 되게 하지 아니할 때 오는 하나의 결과가 도덕적인 타락입니다. 도덕적으로 타락되고 도덕적으로 온전한 사람이 되지 못합니다. 그런 사람을 가리켜서 우리는 하나님을 하나님 되게 섬기지 못하는 사람이라고 말할 수가 있습니다. 오늘 본문은 우리에게 한 가지 질문을 합니다. 그 질문의 요지는 사람이 정말 완전해 질 수 있는지 사람이 정말 온전하게 있을지 거기에 대해서 질문을 합니다. 여러분 스스로 한번 생각해 봤으면 좋겠습니다. 여러분은 누구의 것인가 한번 스스로 물어봅시다. 여러분의 몸이, 하루하루 24시간의 몸이 누구의 것입니까? 한번 스스로 물어보면 아마 여러 가지의 대답이 나올 것입니다.

그러나 많은 사람의 대답이, 나의 몸의 내 몸이 아니라 하나님의 것이고, 나의 시간은 내 시간이 아니라 하나님의 시간이고, 내가 가지고 있는 자그마한 재물일지라도 내가 가지고 있는 자그마한 소유도 모든 것이 내 것이 아닌 하나님의 것이라고 생각하는 사람은 출발부터가 확실하고 올바르게 시작하는 겁니다. 그런데 아직도 크리스천들 가운데서도 내가 가지고 있는 이 시간이 내 시간이라고 생각하는 사람이 있습니다. 그러나 엄밀히 생각해 보고 여러분이 실험을 해 보아도 여러분의 시간은 결코 여러분의 것이 아닙니다. 하나님의 것을 우리가 지금 청지기로 하나님의 것을 받아서 맡은 바 책임을 가지고 그 시간을 활용하는 것입니다. 언젠가는 그것을 하나님이 계수할 때가 옵니다. 언젠가는 하나님이 그 시간에 대해서 어떻게 사용했는가에 대해서 물어볼 때가 있을 것입니다. 그때를 생각하고 기약하며 우리는 하루하루를 생활하고 있습니다. 좀 더 나아가서 우리가 확실한 것 하나가 있는데, 그것은 저와 여러분 여기 있는 모든 사람이 언젠가는 주님만이 아는 그 순간에 우리가 죽는 다는 겁니다. 지금도 여러분과 저는 죽음이라는 길을 향하여 계속 달려가고 있습니다. 여러분이 달려가는 마지막 문 그 끝에는 죽음이 기다리고 있습니다. 그런데 어떤 사람은 그 죽음을 아주 기쁜 마음으로 마라톤 선수가 테이프를 끊듯이 아주 기쁜 마음으로 달려가는 사람이 있고 어떤 사람은 마지못해서 끌려가는 사람이 있습니다. 우리 마음속에 두 가지 길이 있는데, 하나는 죽음을 향하여 언제 죽을지 모르더라도 그 다음에 또 하나의 세계를 바라보면서 희망에 차고 소망에 찬 그 하늘나라를 바라보면서 달려가는 사람이 있고, 그 어둡고 침침하고 알지 못하는 미지의 세계를 불안감을 가지고 한 걸음씩 마지못해서 시간에 끌려 그렇게 가는 사람이 있습니다. 여러분은 어디에 또한 어느 길에서 달려가고 있는지 한번 스스로 생각을 해 보시길 바랍니다. 그리스도인은 계속적으로 아담과 이브가 받았던 유혹을 계속 받고 있습니다. 지금 이 순간에도 또한 내일부터 시작될 하루의 순간순간에 하나님이 여러분을 지키고 보호하지만 사탄은 여러분을 유혹하고 계속 넘어뜨리고자 애쓰고 있습니다. 그런데 그리스도인은 여러 가지의 시험들이 있지만, 그중에서 넘어가야 할 한 가지 시험은 믿음으로 모든 것들을 넘길 수가 있습니다. 여러분! 그리스도인이 믿음이 없다고 생각하면 참 허무하고 굉장히 삭막한 그러한 크리스천이라고 볼 수가 있습니다. 크리스천이 하나 다른 것이 있다면 크리스천은 믿음이 있다는 것입니다. 가장 좋은 친구들의 관계는 신의의 관계입니다. 믿어주는 관계 그 친구가 모든 일을 하는가에 대해서 믿어 주고, 섬기고, 따라 주는 것, 그리스도인이 갖추어야 할 가장 소중한 것 중의 하나는 바로 믿어 주는 것입니다. 좀 더 깊이 믿음의 생활을 하는 겁니다. 하나님이 나와 여기서 함께 동행하고 있다는 것을 마음속에 굳건히 믿을 때 우리는 흔들림이 없고, 요동함이 없습니다. 그 확신이 없기 때문에 우리는 이 길로 저 길로 왔다 갔다 하고 불안해하고 고민을 합니다. 한 아이가 부모의 품속에 있을 때에는 정말 무서울 것도 없고 두려울 것도 없고 참 평안합니다. 그 확신이 있기 때문에 어느 순간 어머니가 안 보이고 엄마가 자기 곁을 떠났다고 생각할 때에 불안해하고 넘어지고 당황하게 됩니다. 그런데 하나님은 저와 함께 이 세상길을 걸어가고 있습니다. 그 걸어가는 느낌을 feeling으로 마음속 깊이 느낄 때 영혼으로 그 감각을 함께 느끼면서 생활할 때 우리는 이 세상을 결코 외롭고 슬프고 어렵게 살 수가 없습니다. 늘 기쁨이 있고 소망이 있고 우리 마음속에 감사하는 마음이 하루하루 계속 연이어져서 나아갈 수 있습니다. 우리는 우리가 가지고 있는 해야 할 많은 일들이 산재해 있습니다. 그런데 그 일들을 이제 어떠한 마음으로 어떠한 자세로 하느냐가 대단히 중요합니다.

하나님은 여러분에게 얼마나 많은 일을 했느냐고 결코 묻고 계시지 않습니다. 하나님은 여러분에게 여러분이 무엇을 하고 있는지에 대해서 깊이 있게 관심이 있는 것 같지도 않습니다. 문제는 여러분의 마음자세가 어떠한 상태에서 또한 어떠한 길을 통해서 어떻게 행하고 있는지에 대해서 하나님은 관심이 있습니다. 정말 그 마음 중심이 하나님을 위하고 하나님을 사랑하고 하나님을 뜨거운 마음으로 섬기면서 그 일을 하고 있는지 아니면, 자기의 명예나 자기의 소유나 자기의 높아짐을 위해서 일을 하고 있는지 하나님은 묻고 계십니다. 어제는 실습생 모임이 있어서 모임을 마치고 평가회에 갔었습니다. 평가회에 학생이 20명 정도 모였는데 끝나고 저녁을 먹는 시간이 되었습니다. 그런데 그 시간에 어떻게 생일 준비를 다 했더라고요. 케이크도 준비하고 제가 늦게 갔는데 준비를 다 해 놓고 기다리고 있었습니다.

들어가는 순간 요란했습니다. 샴페인이 몇 병 터지고 온몸이 샴페인으로 흠뻑 젖었습니다. 그래서 굉장히 당황했습니다. 저는 그러한 생일축하는 처음 받아 봤습니다. 크리스천이 아닌 사람들은 그것이 생일축하의 관례인 것 같았습니다. 그래서 굉장히 당황했습니다. 온몸이 샴페인으로 젖어서 온몸에서 술 냄새가 났습니다. 집에 가는 것도 걱정이 되고 사람들과 함께 이야기를 나누면서 그러한 생각을 했습니다. 나의 몸은 나의 몸이 아니고 하나님의 것이고, 언제 어떤 순간에서든 우리 크리스천들은 자기 본연의 자세를 지켜야 합니다. 그런데 그 친구들은 놀리는 것이었습니다. 제가 전도사인 것도 알고 전도사님이 전철을 타고 갈 때에 많은 사람들이 보니 큰일이 났다고 오히려 그것을 즐거워하고 그것을 하나의 재미있는 웃음거리로 만들었습니다. 여러분의 몸은 여러분의 것이 아니라는 것입니다. 그런데 많은 사람들이 술을 먹고 담배를 피우는 이유를 합리화시키고 있습니다. 그런데 술이라고 하는 것이 우리 젊은 친구들, 많은 학생들이 술을 먹고 있습니다. 우리학생들은 아니라고 하는 기대감을 갖고 있지만 YMCA라든가 여러 자료에 의하면 많은 학생들이 술과 담배를 하고 있습니다. 그런데 그것이 하나의 호기심으로 시작됐던 것은 좋지만 그것들을 우리의 마음속에서 이제 버려야 될 줄로 압니다. 여러분의 마음속에는 두 마음이 술이 들어가는 순간 생기게 됩니다. 한마음은 그것이 하나의 기쁨으로 하나의 위로로 마음이 불안하기 때문에 알코올성분이 들어가게 되면 마음이 애통해하는 마음이 함께 일어나고 있습니다. 그 마음을 억제하기 위해서 계속 반복적으로 그 행위를 할 때 우리는 도덕적으로 무감각해집니다. 여러분 마음속에 오늘 본문에 '너희 몸이 하나님의 성전인 것을 알지 못하느냐' 하면서 우리에게 꾸중하고 있습니다. 성령이 마음속에 있을 때 우리 마음을 더럽게 할 때에 우리를 멸망시킨다고 말씀하고 있습니다. 우리의 마음속에 하나님이 함께 거하시고 계십니다. 내가 싫어서가 아니라, 우리의 이 몸은 하나님의 나라에 들어가는 그 순간까지 곱고 깨끗하고 정결하게 가꾸어야 합니다. 성령은 성결합니다. 깨끗합니다. 그렇기 때문에 더러운 곳에 함께 있지를 않으십니다. 여러분이 더러운 곳에 함께 거할 때에 성령님은 그곳을 떠나게 됩니다. 여러분 마음속에서 성령이 떠난 순간부터 여러분을 그리스도인이라고 부를 수가 없습니다. 우리의 몸은 하나님의 피조물입니다. 그런데 마음 깊은 곳에서 성령은 떠나고, 떠나시면 통곡하고 애통해하고 아파하고 있습니다. 진주를 돼지에게 주지 말라고 여러 가지 의미로 해석할 수 있겠지만, 우리는 이 진주라는 개념을 여러 가지로 볼 수가 있습니다. 그러나 이 시간에 한번 생각해 보아야 할 것 중에 하나는 우리의 양심에 거하여야 할 하나님의 거룩한 전에 양심이 점점 마비되어 가고 있습니다. 그러나 마음 한쪽에서는 기쁨이 있을 겁니다. 그것은 육체의 기쁨입니다. 인도 사람들은 그것을 검은 개라 하고 검은 개가 기뻐한다고 합니다.

그러나 한쪽에서는 통곡하고 있습니다. 인도 사람들은 그것을 흰 개라고 말하고 있습니다. 마음속에서는 선과 악이 제 것을 흰 개라고 말하고 있습니다. 하나님의 영과 악령이 우리의 마음속에 계속 거하고 있습니다. 그런데 우리는 성령이 우리의 마음속을 주관케 해야 됩니다. 여러분! 여러분 스스로가 여러분을 주관케 할 수는 없습니다. 저도 그렇고 그 누구도 아무리 신앙이 좋은 사람이라도 자기가 자기를 Control하고 자기가 자기를 절제할 수는 없습니다. 그래서 우리는 내 힘이 아닌 다른 사람의 힘에 의지해야 됩니다.

그것은 하나님의 영인 성령께 맡겨야 한다는 의미이며, 성전인 우리 몸을 그분께 맡기고 그분이 쓰시고자 하는 대로 우리는 순종하면서 생활해야 한다는 것입니다. 오늘 본문은 "너희가 하나님의 성전인 것과 하나님의 성령이 너희 안에 거하시는 것을 알지 못하느냐, 누구든지 하나님의 성전을 더럽히면 그 사람을 멸하시리라 하나님의 성전은 거룩하니 너희도 거룩하리라"고 말씀하시고 계십니다. 우리가 가야 할 길 우리의 몸이 하나님의 것이기 때문에 이제 우리는 이 순간 다시 한 번 우리 몸을 정결케 하고, 혹 우리의 몸이 부정한 것

더러운 것으로 더럽혀졌다면 우리의 몸을 그리스도의 새로운 피로 다시 한 번 정결케 하고 그리스도 앞에 부끄러움 없이, 주님 앞에 온전히 설 수 있는, 그리고 마지막 종말에 있어서 하나님 앞에 섰을 때 부끄러움 없이 우리의 깨끗한 몸을 주님께 드릴 수 있는 그러한 모두가 되시길 바랍니다.

하나님이 인간에게 준 하나의 축복이 있다면 그것은 언어입니다. 각자 자기의 본능이나 위급한 상황에서 또한 특별한 의미를 가지고 대화를 나누는 동물은 없습니다.

자기의 말을 상대방에게 전하고 자기의 뜻이 관철되도록 하는 유일한 동물이 바로 인간입니다. 언어에는 여러 가지 기능이 있지만 그중 하나가 정보를 교환하는 기능입니다. 서로에게 전달하는 도구로서의 말은 각자 자기의 뜻을 전달하는 인간이 살아가는 하나의 수단이요, 방법입니다. 물론 언어가 아닌 다른 기호라든지 문자 또는 사인으로써 자기의 뜻을 표현하기도 하지만 가장 중요한 것이 언어입니다. 또 한 가지 언어의 기능이 있다면 그것은 표현하는 것입니다. 자기의 뜻과 마음, 자기의 의사와 생각, 사상 등을 논리정연하게 펼 수 있는 것을 언어라 할 수 있습니다. 언어는 가장 올바르게 전달합니다. 우리는 여러 가지를 언어로 표현하고 있습니다. 또 한 가지 기능을 굳이 찾는다면 direct의 역할 즉 지시하는 것입니다. 이렇게 하세요, 저렇게 하세요 등의 지시와 우리가 가야 할 길을 알려주는 하나의 이정표가 언어입니다. 물론 말이 통하지 않는 것처럼 답답하고 힘든 경우를 경험해 본 사람은 알 것입니다. 특히 전혀 말이 통하지 않는 외국에 나갔을 때 슬프고, 답답하고, 괴로울 때가 있다는 것을 이해할 수 있습니다. 요즘은 세대 간의 차이 때문에도 대화가 통하지 않습니다. 소위 신세대, X세대라고 기성세대는 부르고 있습니다. 신세대라는 말의 어감이 이상할지 모르고, X라는 말은 미지수의 X요, 또한 좋지 못한 뜻으로 쓰이기 때문에 여러분 스스로 "우리는 X세대입니다."라고 하는 말 자체가 어폐가 있을지 모르지만 여러분 세대와 기성세대, 선생님과 제자의 사이에서 대화가 안 될 때 그처럼 답답하고 가슴 아픈 일은 없을 줄 압니다. 말은 자유롭습니다. 여러분이 하고 싶은 말은 무엇이든 마음대로 할 수 있습니다. 그러나 그 다음에는 책임을 져야 합니다. 생각도 마찬가지입니다. 생각이라는 것은 하나님이 주신 인간만의 고귀한 특권이고, 고유한 권리입니다. 많은 생각을 할 수는 있지만 그 생각에는 반드시 책임이 따릅니다. 책임 없이 생각하는 것은 잘못된 것이고 비인격자라고 표현할 수가 있습니다. 무엇을 보든지 어떤 느낌을 받든지 그 감정을 막을 수는 없습니다. 여러분에게 스스로 다가오는 감정, 그것은 무방비 상태라고 말할 수 있습니다. 언어나 생각을 통제할 수 있습니다. 이런 말을 해서는 안 되는지, 되는지는 통제가 되지만 느낌은 통제할 수가 없습니다.

마치 백화점에 갔을 때, 좋은 물건을 보는 순간 사고 싶다고 느끼는 감정은 어쩔 수가 없듯이 아름다운 것을 보고 아름답다고 느끼는 것은 당연한 것이고 하나님이 주신 고귀한 자유입니다.

그러나 좋지 않은 생각을 끝까지 품고 있는 것, 이것은 죄입니다. 마르틴 루터는 아주 귀한 명언을 남겼습니다. "당신의 머리 위로 날아가는 새들은 어쩔 수가 없습니다." 머리 위로 날아가는 새를 잡을 수 있겠습니까? 그러나 그 새가 여러분의 머리에 둥지를 틀지 못하게 할 수는 있습니다. 여러분이 살아가면서 많은 대중문화와 이 사회 속의 유혹은 어쩔 수 없지만 순간순간 다가오는 그 생각을 우리 마음속에서 제할 수는 있습니다.

그렇다면 우리의 행동은 어떨까요?

어떤 행함을 하든지 자유롭지만 그 행함 뒤에 반드시 따르는 것이 책임입니다. 저는 사람들과 약속을 할 때 수첩을 보면서 한참 생각합니다. 그리고 반드시 작은 약속이라도 기록을 합니다. 누구와 만나고 어디서 모임이 있고 어디에 행사가 있고, 되도록이면 특별한 상황이 아니고는 반드시 그 사람과의 인격적인 만남이 요구될 때는 그 모임에 억지로라도, 몸이 아프더라도 또 다른 약속과 이중으로 약속이 되더라도 선약을 먼저 지키고자 합니다. 그 이유가 있다면 약속을 지키지 않는 것만큼 비인격자는 없기 때문입니다. 우리에게는 하나님과 인간의 약속이 있고 인간과 인간의 약속이 있습니다. 그리고 큰 약속이든 작은 약속이든 그 약속을 지키도록 노력하는 것이 인간으로서 갖추어야 할 도리입니다.

그래서 누구와 약속을 할 때 함부로 약속을 해 놓고 그것을 반복하거나 그 약속을 지키지 않을 때 그것은 스스로의 인격을 무시하고, 상대방의 인격을 무시하는 것이 됩니다. 되도록이면 말을 적게 하고, 약속을 하지 않는 사람이 신용 있는 사람입니다. 하나님은 우리에게까지도 그 약속을 지키셨습니다. 우리는 반드시 약속을 지키는 사람이 되어야 합니다. 약속을 지키기 위해서는 간혹 손해 볼 때가 있습니다. 그러나 자기의 말한 것을 지키는 사람을 우리는 인격자 또는 성숙한 자라고 말합니다. 앞에서 저의 생각에 대해 언급했습니다. 생각은 마음대로 할 수 있지만 책임을 져야 한다고 했습니다. 덧붙인다면 꿈을 꾸더라도 엉뚱한 꿈을 꾸었을 때 깨어 일어나 그 자리에게 회개하고 기도해야 합니다.

꿈이란 잠재의식 속에서의 무의식 속에 좋지 못한 생각을 감추고 있을 때 그것이 꿈으로 표출됩니다. 안 좋은 생각을 할 때마다 즉각적으로 계속적으로 우리의 마음속을 비워야 합니다. 무의식적으로 튀어나오는 말이 그 사람의 인격일 수 있습니다. 말을 함부로 할 때 그 사람의 인격이 땅에 떨어지는 경우가 많이 있습니다. 아무리 화가 나고, 기분이 나쁠지라도 한번 뱉은 말은 그대로 살아 있습니다. 말에 있어서 가만히 생각해 보십시오. 하루를 지내면서 얼마나 진실하고 진정한 말을 많이 하는지 이제 다시 한번 정리해 봐야 합니다.

감정까지도 책임을 지고, 말에 책임을 지고, 행함에 책임을 지는 사람이 되어야 합니다. 자꾸 되풀이 생각하고 자신에게 불어넣으면 그것이 의지로 굳혀집니다. 만일 잘못된 의지가 자신이 무방비상태일 때 무의식중에 밖으로 표출이 된다면 그는 참된 인격자라 말할 수 없습니다.

장사하는 사람들은 이것이 얼마인지 이 물건이 어떤 것인지 말합니다. 책을 쓰는 사람은 책에 많은 관심이 있고, 농구선수들은 농구에 관심이 많고 고기 잡는 사람은 고기 잡는 것에 많은 관심이 있습니다. 그러면 우리 크리스천들은 우리가 쓰는 용어와 행함과 모든 것이 특별히 언어에 있어서 크리스천적인 용어로 바꿔야 합니다. 우리의 언어가 바꿔지 않고, 우리의 생각이 바뀌지 않고는 진정한 크리스천이라 말할 수 없습니다. 미워하는 마음, 질투하는 마음, 시기하는 마음, 그 마음속에서 나오는 모든 말들은 시기와 미움과 질투와 살인으로까지 이끌어집니다.

대화에 있어서 여러 가지 법칙이 있는데 특별히 네 가지가 있습니다.

먼저 '존경이 없을 때 말하지 말아야 합니다.' 존경하는 마음이 생기지 않을 때는 아무 말도 하지 않는 것이 좋습니다. 존경하는 마음이 없이 말할 때는 비꼬는 말이 될 수 있고, 무시하는 말이 될 수 있으며 허탈한 말이 되고 상대방을 아프게 할 수도 있습니다. 사람은 영적인 동물이고 인격과 인격의 만남이기 때문에 내가 어떠한 마음으로 상대를 대하는가가 전달됩니다.

진실한 말인지, 가증스러운 말인지, 허위된 말인지, 거짓된 말인지 조그만 지혜롭게 생각하면 금방 알게 됩니다.

두 번째로 대화하는 방법은 '상대방의 말을 끝까지 듣는 마음이 있어야 합니다.' 대부분 대화할 때 앞머리만 듣고 중간까지만 듣고 그 다음에 이야기를 퍼붓습니다. 그래서 서로 대화가 안 됩니다. 특히 한국말은 처음과 끝말이 다르기 때문에 끝까지 들어야 합니다. 끝까지 들은 후 생각하고, 이야기할 때 대화에 실수가 없습니다. 아울러 분노가 일어나고, 화가 나고, 욕을 하고 싶더라도 참아야 합니다. 그 고비를 참고, 마음이 정화되고, 감정이 순화된 후에 천천히 이야기해야 합니다. 같이 흥분해서 말한다면 같은 사람이 됩니다. 결정적인 순간에 코너에 몰렸을 때 올라오는 말이 있지만 참아야 합니다. 참지 못할 때는 산책을 하거나, 잠깐 떨어져 흥분을 가라앉히고 다시 이야기해야 합니다. 그렇지 않고 함부로 뱉은 말은 그 사람의 마음속에 영원히 가시지 않는 말이 됩니다.

마지막 대화의 법칙은 '비난을 하지 말아야 합니다.' 상대방을 비난하고 헐뜯고, 상대의 약점을 찌르는 말들은 영원히 상처를 남기게 되고 서로가 비참해집니다. 주님은 이렇게 말씀하십니다. "너희는 악하니 어떻게 선한 말을 할 수 있겠느냐?" 예수님이 독사의 새끼들에게 한 말들은 그 말을 한 사람을 향한 것이 아니라 그 말 속에 담겨 있는 인격을 꾸짖는 것입니다. 선한 사람은 선한 말을 하고 진실한 사람은 진실한 말을 합니다. 거짓된 사람은 거짓된 말로 일관됩니다. 말이 중요한 것이 아니라 어떤 마음으로 말을 하느냐가 가장 중요합니다. 그 사람의 인격을 예수님은 꾸짖고 있습니다. 3·1운동을 끝낸 다음에 일본 순경에게 끌려간 이상재 선생이 고문을 당할 때마다 대한독립 만세를 외쳤습니다. 때리고 온갖 고문을 할 때마다 대한독립 만세를 외쳤습니다. 일본순사가 화가나 이렇게 매를 맞고 죽을 지경에 이르면서까지 대한독립 만세를 외치지 말고 잘못했다는 말 한마디만 이라도 하라고 했을 때 그는 유명한 말을 합니다. "내 마음 목구멍까지 독립의 마음이 가득 차 있는데 건드리기만 하면 대한독립 만세라는 말이 나오니 어찌 다른 말이 나올 수가 있겠는가?"

만약 누가 나를 툭 건드릴 때 어떤 말이 나옵니까? 그것을 유머로 받아들입니까? 아니면 신경질을 내고 화를 냅니까? 말이 중요한 게 아니라 그 마음속에 무엇이 담겨 있느냐가 중요합니다. 마음속에 사랑이 담겨 있고 평화가 담겨 있고 그리스도의 사랑으로 가득 담겨 있을 때 누군가 건드리면 기쁨의 소리가 납니다. 언젠가 제가 차를 타고 가다가 내려 물건을 사가지고 오다가 덩치가 큰 사람과 부딪쳤는데 그 순간 그 사람에게서는 욕설이 나왔습니다. 그때의 상황이 그 사람에게 기분이 나빠서인지 화가 나서인지 그 부딪치는 순간 살기등등한 눈빛이었는데, 그 상황에서 한마디 하고 같이 맞설까 하다가 주님 때문에 참았습니다. 여러분의 마음속엔 어떤 옷이 있습니까?

대화 속엔 가끔 친구끼리 전철에서도 욕설을 할 때가 있는데 굉장히 안타깝습니다.

친구의 이름이 있는데도 욕을 하는 친구들이 있는데 혹시라도 그런 사람이 있다면 회개하고 마음의 자세를 바꾸길 바랍니다. 특히 부모님이 자녀를 부를 때 고귀한 인격체로 대하고 이름을 불러야 하는데 그렇지 못한 경우도 있습니다. 옛날 어느 시골 마을에 티토라고 하는 소년이 있었습니다. 그 소년은 성찬식을 할 때 신부님의 모자로 포도주를 나누어 주는 일을 하였습니다. 하루는 소년이 실수로 포도주를 엎질렀습니다. 신부는 화가 나서 욕설을 퍼붓고 이 성당에 발을 들여놓지 말라며 화를 냅니다. 티토는 그 이후로 다시는 성당에 발을 들여놓지 않고 유명한 공산주의 국가인 유고슬라비아의 대통령이 됩니다. 그 한마디 말로 어린 소년이 공산주의자가 되었고 유고슬라비아의 악명 높은 대통령이 된 것입니다. 그와 비슷한 경우인데 한 시골에 마찬가지의 사건이 일어났습니다. 소년이 포도주를 엎질렀는데 그때 신부는 자상하게 "너는 이 다음에 신부가 될 것 같구나."라고 격려하며 위로하였습니다. 후에 그 소년은 신부가 되었고 「The Life of Christ」(그리스도의 생애)라는 유명한 글을 썼습니다.

말 한마디로 인해 한 사람은 공산주의자가 되고, 다른 한 사람은 신부가 됩니다. 우리의 말 한마디가 한 인격체를 살릴 수도 혹은 죽일 수도 있습니다. 예수님은 "사람이 어떤 무익한 말을 하든지 심판의 날에 이에 대하여 심문을 받으리라"라고 말합니다.

우리의 마음에 선한 마음이 쌓였다면 선한 말을 할 것이고, 악한 것을 마음에 계속 쌓아 놓는다면 언젠가는 그 악이 입으로 쏟아져 나오게 됩니다.

우리는 많은 언어의 홍수 속에서 살아갑니다. 많은 노래가 있는데 그 속에서 의미 있는 노래를 선택해야 하고, 우리의 말과 행함과 생각과 형상을 그리스도로 우리의 삶을 다시 한 번 변화시키는 삶이 되어야 합니다.

소망의 삶

　우리는 지금도 무서운 경쟁의 사회 속에서 살고 있는 우리의 모습을 볼 수 있습니다.

　정신적으로 굉장히 피곤하고 육체적으로 피곤하고 영적으로 매우 갈급한 마음으로 이 시간에도 스트레스를 받으면서 있는 것을 보게 됩니다. 많은 사람을 만나면서 그 많은 사람들이 상당히 지쳐 있는 모습을 보게 됩니다. 마음도 지쳐 있고 정신도 지쳐 있고 그 마음속에 신선한 기쁨보다도 무엇인가 이겨야 된다는 강박관념 속에서 우리는 늘 승자가 될 수도 있고 패자가 될 수도 있는 그러한 고민 속에서 살고 있습니다. 그래서 늘 이겨야 된다고 하는 마음. 그리고 성공해야 된다는 마음, 그리고 여러분 마음속에 있는 그 마음을 생각하면서 늘 고민하면서 있습니다. 더 나아가서는 자기가 누구인지 생각할 여유도 없이 항상 어딘가에 스트레스를 받으면서 쫓기고 있는 것이 바로 우리들의 모습이라고 생각을 합니다.

　TV를 보아도 radio를 들어도 많은 정보가 쏟아지는데 그 정보 속에서 우리는 더 정확한, 확실한 정보를 찾기 위해서 우리는 또 고민을 하게 됩니다. 그래서 우리의 미래를 알기 위해서 고민하고 자기의 내일을 위해서 고민하고 확실치 않은 미래를 생각하면서 오늘도 그러한 고민 속에서 여기에 와 있는 줄 압니다.

그러나 몸도 병들었고 마음도 병들었고 영적으로도 병들었는데 이러한 병듦과 함께 우리의 살아가는 마음속에 또 하나의 장애가 있는데 몸이 아픈 것이 아니라 이제는 우리의 성격이 아프기 시작했습니다.

우리는 팔이 없고 다리가 없고 눈이 없고 귀가 안 들리는 것을 장애인이라고 말합니다. 그러나 성격적인 장애, 이겨야 한다는 강박관념 속에서 여러분 성격이 변질되고 말았습니다.

올바르고 건전하고 하나님이 지어주신 깨끗한 맑은 정신이어야지 되는데 성격이 장애가 됐었습니다. 그래서 어떤 사람은 우울증에 걸려서 아침부터 저녁까지 누구를 만나기를 싫어하고 그리고 어떤 일도 하지 못하고 우울하게 하루하루를 살아가는 우리 청소년들, 그리고 어른들을 보게 됩니다. 그들이 자기의 성격을 이기기 위해서 어떤 친구들은 방황도 하고 어떤 친구들은 먹지 말아야 할 것들을 먹기도 하고 가서는 안 될 곳을 가기도 하고, 방황도 하는 우리 청소년 여러분을, 우리 친구들을 우리 주변에 많이 보게 됩니다. 그런데 문제는 방황하고 좌절하고, 번민하는 가운데 공통적인 것이 하나 있는데 우리들은 제한적인 존재라는 것을 부인할 수가 없습니다.

많은 것을 하고 싶고 모든 것을 하고 싶은데 우리는 하지 못하는 제한된 삶 속에 살게 되는 것을 보게 됩니다. 더 나아가서는 제한적인 것뿐만 아니라 우리는 어떠한 커다란 짐을 지고 있습니다. 자기 혼자 풀 수 없는, 인간의 힘으로 풀 수 없는, 엄청난 짐을 지고 오늘도 고민하고 좌절하고 살아가고 있습니다.

그런데 성경은 그 짐에 대해서 다윗이 이렇게 고백합니다.

네 짐을 여호와께 맡기라, 반드시 우리는 절망이 아니라 부정이 아니라 여러분 삶 속에 소망이 있습니다. 그리고 소망의 길이 있는데 그 길을 다윗은 이렇게 말합니다. 네 짐을 여호와께 맡기라 다윗은 여호와께 기도할 때, 맡기는 장면을 보게 됩니다. 다윗하면 여러분은 엄청난 변화의 과정을 겪었던 어린 소년이 왕으로 즉위하는 멋

있는 장면을 생각할 겁니다. 또한 다윗의 마지막 삶 속에서 명예롭지 못했던 삶을, 두 가지 면을 보게 되는데 다윗은 기도할 때 하나님의 음성을 듣게 됩니다. 그리고 그가 한 말이 네 짐을 여호와께 맡기라 그렇게 말씀하고 계십니다. 좀 전에 제가 이런 말씀을 드렸습니다. 여러분의 시간을 갖지 못하고 지낼 때가 많이 있습니다. 오가다 보면 전철을 탈 때도 있고 버스를 탈 때도 있습니다. 저는 전철을 탈 때만은 제 시간을 갖고 싶습니다. 그런데 여자들이 여럿이 모여 있는 장소 옆에 있으면 너무너무 피곤하게 가게 됩니다. 무슨 말이 많은지 이 얘기 저 얘기 안 듣고 싶어도 들리게 됩니다.

그러면 내 시간을 갖지 못할 정도로 쫓기게 됩니다. 그래서 저는 전철을 딱 타면 자리를 찾는 것이 아니라 얘기가 없는 조용한 곳, 구석에 갑니다. 구석에 가서 신문을 읽거나 책을 읽든지 아니면 자는 사람 앞에 서 있지 얘기하고 있는 사람 앞에 서 있으면 30분, 1시간 가는 동안 너무 피곤합니다. 가면서 정신적인 짐을 정리도 하고 풀고 하나님의 음성을 듣고 또 내 마음속에 들려오는 음성을 듣고 싶은데 떠드는 사람 앞에 있으면 아주 피곤합니다. 그런데 떠드는 것은 여러분에게만 잘못이 아니라 여러분 주위사람도 병들게 만들고 있습니다.

정말 자기의 음성을 자기가 들을 수 있는 조용한 시간이 필요합니다. 여러분만의 시간, 이것이 없을 때 혼돈하게 되고 몸도 마음도 점점 어지럽게 됩니다. 되도록 이면 자기만의 시간이 필요합니다. 여러분만의 시간, 이것이 없을 때 혼동하게 되고 몸도 마음도 점점 어지럽게 됩니다. 되도록이면 자기만의 시간이 필요합니다.

다윗은 뭐라고 고백하냐 하면 오직 하나님 앞에 나아갈 때만이 내가 그 결국을 알았나이다. 고민하고 번민하고 좌절했을 때 다윗이 마지막 결정했던 그 순간은 항상 하나님 앞에 나아갔을 때 그 앞에서 자기의 모습을 보고 그 앞에서 마음속 깊이 성찰하고 그리고 나서 그는 이렇게 말합니다. 네 짐을 여호와께 맡기라. 아무리 고민하고 아무리 올바르게 살려고 했지만 다윗은 날마다 마음속 깊은 곳에서 쏟아 나오는 자기와의 싸움에서 승리하지 못했던 자기 모습을 보면서 자기가 홀로 결정하지 못했던 고백을 하면서 이 모든 것들은 하나님께 맡겨야 되는 그러한 말씀을 하게 됩니다.

신약으로 넘어와서 사도 바울은 내가 마음속 깊은 곳에서 원하는 선은 하지 못하고 원치 아니하는 악만 행하게 됐다고 고민하면서 그는 이어서 이렇게 고백을 합니다.

우리가 죄인 되었을 때 우리를 위하여 그리스도가 죽으심으로 하나님께서 우리에 대한 자기에 사랑을 확증하셨느니라.

스스로 온전히 서 있지 못했던 사도 바울은 하나님께서 자기에게 향한 하나님의 사랑을 느끼면서 아름다운 고백을 하게 됩니다. 여러분 어디까지 왔습니까. 하나님 앞에서 여러분은 어떠한 모습으로 서 있습니까? 여러분이 많은 짐을 갖고 있는데 누구나 우리는 많은 짐을 갖고 있습니다. 그런데 어떤 사람은 친구에게 맡기는 사람이 있고, 어떤 사람은 자기 혼자 그 짐을 들고 열심히 가는 사람이 있습니다.

옛날 교회에서 보니까 선교사들이 쓴 글 중에 이런 글이 나옵니다. 많은 에피소드가 있는데 그들 중에 이런 이야기가 나옵니다. 어떤 할머니가 커다란 짐을 머리에 이고 시골길을 가게 됩니다. 옛날 사람들은 차를 안가지고 다녔지만 그때는 군용차를 변조해 가지고 선교를 다녔습니다. 시골길도 가고 어려운 길도 다녔는데 할머니가 지팡이를 들고 커다란 짐을 지고 갔습니다. 그 선교사가 볼 때 너무너무 안타까워 차를 세웠습니다. 선교사가 자꾸 권유를 합니다. 타시라고, 몇 번 사양을 하다가 할머니가 그 차를 타게 됩니다. 선교사가 운전을 하고 가다가 모습이 이상했습니다. 뒤를 보니까 할머니가 지고 있던 짐을 머리에 이고 있어서 하도 안타까워서 그 선교사님이 "할머니 그 짐을 내려놓으셔도 됩니다." 할머니가 극구 사양을 하면서 어떻게 이짐까지 내려놓느냐고 못 내려놓는다고 하면서 그 짐을 끝까지 머리에 이고 갔다고 합니다.

　여러분 우리는 지금 하나님이 여러분의 짐까지 여러분의 고민까지 가슴에 안고 여러분을 안전하고 평안한 길로 인도하고 계십니다.

　우리는 아직도 내 고민을 내가 짊어지고 그리고 그 짐을 내가 해결했다고 끙끙거리면서 고민하면서 번민하면서 살고 있는 그 모습이 바로 우리들의 모습이라고 생각을 하게 됩니다.

　우리 짐을 하나님께 내려놓을 때 우리가 기도하면서 발견할 수 있는 것은 기도할 때 우린 나의 길이 아니라 하나님의 길을 가게 됩니다. 기도함으로 말미암아 하나님 앞에서 정직한 사람이 됩니다. 기도하지 않는 사람은 정직할 수 없습니다. 기도하지 않는 사람은 내 방법대로, 내 사고방식으로 살아가게 됩니다. 기도하면서 내 짐을 우리는 하나님께 내려놓아야 됩니다. 그래서 내 문제의 해결을 하나님의 방법으로 해결해야 됩니다.

　여러분 마음속에는 아름다운 꿈이 있습니다.

　그리고 여러분이 가지고 있는 진로에 꿈이 있습니다. 여러분 어떤 한 시각장애자가 이렇게 고백을 합니다.

　나를 어떤 사람이 인도할 때 당신 앞에 100m 앞에 어떤 장애물이 있습니다. 당신 200m 앞에 어떤 장애물이 있습니다. 이렇게 말하지 않고 당신 바로 앞에 어떤 장애물이 있습니다. 피해 가십시오. 당신 바로 앞에 웅덩이가 있습니다. 피해가십시오. 당신 바로 앞에 돌이 있으니까 넘어가십시오. 이렇게 인도한다고 합니다.

　여러분, 하나님이 여러분의 앞길을 100년 후를 알려주시는 것이 아니고 20년 후를 알려주시는 것이 아니라 하나님은 안개 속 같이 뿌연 여러분의 진로 속이지만 바로 눈앞에 일, 바로 오늘의 일, 내일의 일을 하나님이 알려 주십니다.

　분명히 알 것은 우리의 인도자는 하나님이시고 우리를 사랑해 주시는 분이 하나님이시기에 우리 앞의 일, 바로 앞에 저 문이 있으니 열고 나가십시오. 그러면 저 문 앞에 무엇이 있는지 우리는 모르지만 우리는 기도하면서 문을 하나씩, 돌을 하나씩 넘어가면서 우리의 장애물을 올바로 넘어갈 수 있습니다. 여러분 다윗은 상당히 총명했습니다. 그러나 다윗은 지혜로운 사람이었고 상당히 명석했습니다. 그러나 다윗이 하나님 앞에 엄청난 범죄를 내려놓으려고 고민했습니다. 그는 왕이었습니다. 왕을 버리고 깊은 산골짜기로 가서 아무도 찾지 않은 곳으로 가서 하나님과 동거하기를 원했습니다.

그러나 다윗은 그것이 옳지 않음을 깨달으면서, 참회하면서, 하나씩, 하나씩, 문제를 해결하게 됩니다. 다윗이 그 자리에 없었다면 아마 정치도 경제도 사회도, 그 나라의 도덕성도 올바로 잡을 수가 없었습니다.

그러나 그는 그 자리에 있으면서 고통을 당하면서 하나씩 문제를 해결해 가는 모습을 보면서 그는 이렇게 고백을 합니다. "네 짐을 여호와께 맡기라" 자기의 모든 짐을 하나님께 맡기고, 그리고 올바르게 살아가는 모습을 보게 됩니다.

여러분 마음속에 고민이 있을 것입니다. 여러분 마음속에 번민이 있을 줄 압니다. 열심히 살고, 진실하게 살고 의의 길로 가기를 원하지만 마음속 깊은 곳에서 눌러 내리는 불안함이 있습니다.

그 불안함과 염려, 이것을 이기지 못하고 도망가고 싶을 때가 많이 있을 줄로 압니다. 그래서 많은 사람들이 자살을 하는 시간을 보면 새벽 2~6시 그때 청소년들이 가장 자살을 많이 한다고 합니다. 왜냐하면 고요한 적막가운데서 자기의 짐을 어디에 내려놓을지 모르고 고민하다가 모든 사람들이 잠들었고 세상에 자기 혼자 있다는 고독한 시간에 그 불안함을 이기지 못하고 스스로 자기 목숨을 끊는 사람이 우리 주위에 많이 있습니다.

그러나 우리 주님은 그러한 고민과 번민과 염려를 가진 여러분에게 염려하지 말고 여러분의 짐을 주님께 맡기라고 말씀하고 있습니다.

이제 우리는 주님을 신뢰해야 됩니다.

여러분을 가슴에 꼭 안고 여러분의 짐과 여러분의 어려움을 하나님이 다 간직하고 지켜 나가고 계시기에 번민하지 마시고 고민하지 마시고 여러분은 주님이 주시는 평강, 주님이 주시는 편안함으로 우리의 마음을 새롭게 해야 될 줄로 압니다.

여러분 염려라고 하는 것은 용어로 보면 과도한 심리적인 작용이라고 말합니다. 지나치게 염려하는 것, 지나치게 고민하는 것, 그것을 불안한 것이라고 말하고 염려라고 말씀하는데 주님은 마태복음 6장에서 이렇게 말씀하고 계십니다. 염려하지 마십시오. 여러분의 목숨을 위하여 무엇을 먹을까, 무엇을 마실까, 여러분의 몸을 위하여 무엇을 입을까 염려하지 마십시오. 하면서 마지막 부분에 이렇게 말합니다. 여러분은 먼저 그의 나라와 그 의의를 위하여 기도하십시오. 여러분 나만을 위하여 살려고 고민할 때 우리는 그 고민이 점점 깊어집니다. 그 모든 것들을 방향 전환을 해서 여호와 하나님을 위하여 그 나라와 의를 위하여 일할 때 주님은 먹을 것과 마실 것과 입을 것, 우리의 고민 그 이상 모든 것들을 채워 주신다고 말씀하고 계십니다. 여러분 이제 우리 마음속 깊은 곳에 할 것은 스트레스를 받지 않기 위해서는 우리는 불안을 없애는 연습을 해야 됩니다.

그 연습을 어떻게 하느냐 하면 늘 시간이 있을 때마다 그의 나라와 그 의의, 거룩하고 진리에 거하는 일을 할 때 우리는 마음속에 불안함과 염려가 없어집니다.

참된 소망의 삶은 우리의 짐을 여호와께 맡기고 우리가 해야 할 본분은 그의 나라와 하나님 나라의 확장을 위하여 하나님의 거룩한 사역이 동참할 때 반드시 하나님은 우리의 안내자가 되시고 인도자가 되실 것입니다.

　어떤 꼬마가 엄마한테 꾸중을 듣게 되었습니다. 엄마 앞에서는 화를 내지도 못하고 시골이기 때문에 뒤에 있는 산을 향하여 엄마에 대해서 미워하는, 엄마 밉다는 소리를 크게 몇 번 외쳤습니다. 그랬더니 조금 후에 어떤 소리가 들렸습니다. 메아리가 들리는데 '엄마'자는 싹 들어가고 '미워 미워' 소리만 계속 들리는 것이었습니다.

　꼬마가 너무 무서워서 막 집으로 들어가서 저 산에서 나를 밉다는 소리가 들린다고 그래서 엄마는 그 아이를 데리고 다시 나가서 그쪽을 향해서 좋아한다고 소리를 쳤습니다. 그랬더니 멀리 산에서 들리기를 좋아한다는 얘기가 계속 들렸습니다.

　인생은 메아리입니다. 여러분이 뭐라고 외치고 사느냐가 여러분에게 다시 response로 메아리쳐서 돌아옵니다. 영어로 Life is an echo. 메아리를 echo라고 합니다. "있잖아요, 비밀이에요"라는 영화에서. 거기에 나오는 현아 역을 하희라가 맡았는데 그가 굉장히 나쁜 역으로 처음에 나오다가 자기의 궁극적인 삶의 목적을 찾고자 한 남자를 사랑하게 됩니다. 아마 교생인 최수종인가를 사랑하면서 삶의 의미를 깨닫고 마지막 우리에게 주는 교훈이 있습니다. 자기는 비록 죽어가지만, 사랑하는, 그렇게 싸웠던 친구를 위해서, 사랑하는 친구를 위해서 자기 심장을 떼 주고 마지막 죽어가는 모습을 볼 때 '정말 저 모습이 우리가 함께 살아가는 모습이고 우리가 추구해야 할 아름다운 삶이 아닌가' 이런 생각을 했습니다.

그에게 있었던 하나의 열등감은 그가 남과 다르게 오래 못 사는 아픔이, 결점이 있었습니다. 그런데 그것을 어떤 사람은 아주 긍정적이고 적극적이고 창조적으로 만들어 가는데 또 어떤 사람은 비관하고 낙담하고 좌절하고 회의에 찬 삶을 살아가는 사람이 있습니다.

미국을 보면 지금은 어떤 차가 좋은지 모르지만 캐딜락이라고 하는 차가 좋은 차지만 거의 타지를 않습니다. 마지막 장례식에 타는데 장례식 차는 다 캐딜락으로 되어 있습니다. 그런데 유일하게 캐딜락을 타고 다니는 사람이 있습니다. 그 사람은 흑인입니다. 흑인들은 유일하게 많은 사람들이 캐딜락을 타고 다닙니다. 그 이유가 있다면 그 아주 비싼 차, 정말 죽을 때 한 번 타는 그 비싼 차를 흑인이라고 하는 그 열등감을 어떻게 극복하고 스스로의 자존심을 세우기 위해서 그 차를 탑니다. 우리 교회는 그런 친구들이 없는데 밖에 나가서보면 아주 이상하게 옷을 입고 다니는 친구들이 있습니다. 아주 유별나게, 또 어떤 사람은 남자도 그렇고 여자도 머리를 아주 희한하게 하고 다니는 사람이 있습니다. 우리 교회에는 없지만 머리에 색깔을 넣고 아주 이상하게 하고 다니는 사람들이 있습니다. 그 사람들의 궁극적인 또 하나의 원인이 있다면 열등감이 있을 때 남에게 나타내 보이고 뭔가 보이기 위해서, 열등감을 극복하기위해서 그러한 행위를 하는 것을 우리는 종종 볼 수가 있습니다. 그런데 우리가 아는 헬렌 켈러 여사나 루스벨트를 보면 다 열등감이 있었습니다. 듣지도 못 하고 또 말하지도 못 하고 보지도 못 하는 그러한 아픔이 있었고, 또 다리가 아픈 아픔이 있었지만 건설적으로 강인한 사람이 되었습니다. 우리가 아는 단테는 굉장히 사랑하는 한 여인이 있었습니다. 보는 순간 첫눈에 반했고 너무나 사랑스러워서 프러포즈를 해봤지만 전혀 요지부동이었습니다. 그래서 그 마음을 사로잡기 위해서 간절한 마음으로 쓴 시가 있습니다. 베아트리체라는 여인을 사랑하면서 시를 쓰기 시작했습니다. 너무나 아름다운 시를 쓰게 되는데 그 시가 단테의 신곡으로 유명한 하나의 작품으로 남게 되는 것을 보게 됩니다. 꼭 그렇지는 않지만 여학생들을 보면 수석으로 들어간 사람들, 또 특기생인 사람들, 그런 사람들의 공통점이라고 하면 죄송하지만 공통적인 이유 중에 하나가 콤플렉스가 있는 사람이 종종 있습니다. 공통적이 아니라면 여러분이 이해하고 듣기 바랍니다. 아주 아름답게 생긴 여인도 공부를 잘할 수 있지만 대부분, 남자들이 프러포즈를 할 만큼 아름답지 않은 사람들이 공부를 잘하는 사람들이 있습니다. 그 심리적인 이유를 보면 은연중에 열등감이 있고 그 콤플렉스를 만회하기 위해서 어떻게 하면 남자들을 내가 복수할 것인가. 남자들로부터 그렇게 미움을 받고 사랑을 못 받는데 사랑받기 위한, 복수하기 위한 수단이 있다면 그것은 뭘까? 남자를 쓰러뜨리겠다는 사람이 있었습니다. 그런데 그럴 수는 없기 때문에 공부를 해서 남자들보다 1등이 되고자 하는 하나의 좋은 의미로서의 결과를 낳는 경우도 종종 있습니다. 그런데 내가 어릴 때에 말하는 것과 판단하는 것이 참 미흡했고 부족했습니다. 이렇게 이야기를 하면서 오늘 본문이 시작됩니다. 어린이의 지식은 어떻습니까? 어린이의 지식은 비판적이지 못합니다. 어린이는 무비판적으로 무조건 받아들입니다. 꿈을 안 갖고 어린이들은 사색할 수가 없습니다. 어떤 사건을 보고 깊이 생각하고 저 사건이 왜 일어났을까. 원인 분석을 하고 평가를 하고 그러한 것은 어린이에겐 없습니다. 어린이가 갖고 있는 것은 순전히 감각적입니다. 배고프면 울고 느끼는 대로 이야기하고 느끼는 대로 행동합니다. 그것이 어린이들입니다. 자기를 Control하지 못합니다. 좀 더 나아가서 어린이는 주관적입니다. 또한, 자기중심적인 사람이 어린이입니다. 여러분이 중학생이고 이렇게 크다고 할지 모르지만 자기중심적인 사람은 아직도 어린이입니다. 그런데 현재

세상에 나타나 있는, 세상 속에 있는 지식은 어린이와 같은 것이 참
많이 있습니다. 왜냐하면 세상적인 지식이 아무리 과학적이고 어떻
다 할지라도 그것이 다 주관적이고 무의미합니다. 다 미흡합니다. 좀
더 나아가서 세상적인 지식은 부분적인 것만을 볼 수밖에 없습니다.
세상 전체를 바라보고 세상 전체를 이야기하는 것이 아니라 부분적
이고 미소한 그러한 생각이 들기 때문에 그것은 미흡하고 어린이와
같습니다. 또 하나 어린이에게 공통된 것은 어린이에겐 내일이 없습
니다. 어린이가 울면서 어떤 것을 달라고 할 때 내일 주겠다고 하면
어린이의 개념에는 내일이라고는 없습니다. 미래라는 개념이 없습니
다. 지금 먹을 것이 많이 있는데 그것을 다 먹어치우든지 해야지 그
것을 저금해 놓고 또 나눠주고 또 나아가서 함께 사는 그러한 생활
에 대한 개념이 어린이에겐 없습니다. 좀 더 나아가서 어린이에게는
부분적인 것뿐만 아니라 내일에 대한 소망이 어린이에겐 없습니다.
그런데 어떤 심리학자가 인생을 네 가지의 재미있는 표현으로 이야
기하고 있습니다. 네 단계로 이야기하는데 첫 번째 단계는 병원 침
대의 모델을 이야기합니다. 첫 번째 유아기에 태어났을 때 모습을
병원에 있는 침대의 모습, 여러분 병원에 입원해 본 적 있죠, 병원에
입원해 있으면 의사가 와서 만지고 가고 또 간호원이 와서 피를 뽑
아가도 반항할 수 없이 그대로 당하는 피동적인 사람이 됩니다. 두
번째 단계는 유원지 모델로 말하고 있습니다. 유원지라고 하는 것은
아주 재미있고 흥미롭고 아주 즐거운 곳입니다. 소풍을 나온다는 들
뜬 마음으로 생활하는 그 단계가 있습니다. 그 단계에서 조금 빗나
가면 어떤 단계가 있냐면 수영장 분위기입니다. 여러분 수영장에 가
보면 굉장히 복잡하죠, 경기가 시작됐을 때의 모습인데 다른 사람들
의 시선을 생각하지 않고 출발신호가 떨어짐과 동시에 오직 자기의
목적지를 향해서 아무것도 보지 않고 무조건적으로 갔다는 오는 그
러한 수영장의 모델이 있습니다. 마지막으로 정구장의 모델이 있습

니다. 이것은 굉장히 성숙한 사람입니다. 상대방을 바라보고 상대방의 기술과 상대방의 전략을 바라보면서 공이 어디로 오는가, 자기가 공을 따라서 움직이고 상대방을 따라 움직이고 아주 오고 가는 삶이 예리하고 민첩하게 움직이는 그 삶이 정구장의 삶의 모델입니다. 자, 이제 네 가지를 알았는데 여러분은 지금 네 가지 중에 어디에 속해 있다고 생각합니까? 어떤 사람은 병원에 있는 사람이 있습니다. 어떤 사람은 조금 더 나아가서 유원지에 와 있는 사람도 있습니다. 어떤 사람은 인생 목표를 놓고 옆을 보지 않고 전력을 다해서 뛰어가는 수영장의 모습의 사람도 있습니다. 미국의 콜롬비아 대학에 클리드만이라는 사람이 행복한 사람은 어떤 사람인가 하고 설문조사를 했습니다. 공통적으로 행복한 사람의 조건을 세 가지로 뽑았더니 항상 낙천적인 사람이 첫 번째로 뽑혔습니다. 어떤 사람은 염세적인 사람이 있습니다. 인생을 비관하고 그리고 좌절하는 사람이 있습니다. 그런 사람은 행복한 사람에서 제쳐버렸습니다.

두 번째로 행복한 사람은 사랑을 주고 사랑을 받는 사람.

give and take. 똑같이 균등하게 이루어지는 사랑. 그 사람이 행복한 사람이라고 스스로 평가하고 있습니다. 또 하나는 자기가 하는 일에 보람을 느끼는 사람. 자기가 지금 어떤 일을 하고 있는지 여러분은 학생들이니까 공부를 하는데 선생님들은 각자 고유의 전문직이 있습니다. 그 전문직의 기술을 가지고 능력을 자기고 열심히 전문직에 나가는 사람. 그런 사람은 스스로 행복한 사람이라고 얘기하는 것을 보게 됩니다.

자, 어린이를 지나서 성년이 되는데 그런 사람은 자기중심에서 벗어나서 사회중심으로 바뀝니다. 좀 더 나아가서는 사회중심으로 바뀝니다. 그래서 말하는 것과 생각하는 것과 판단하는 것이 어른스러워집니다. 제가 볼 때 여러분 중에 어른 된 사람이 몇 명 발견된 것 같습니다. 공부한 사람의 눈빛을 보면 이 사람은 공부를 열심히 하는 사람인지 아니면 엉뚱한 사람인지 나타납니다. 그런데 자기중심적이었던 사람이 성년이 되면서 사회를 생각하게 됩니다.

나를 위해서 삶의 비전을 세웠던 사람이 이제 조금 커서 사회를 위해서 내가 무엇을 할 것인가? 그러한 삶의 비전으로 바뀌게 됩니다. 그렇지 않으면 여러분은 아직도 어린이입니다. 나만을 위해서 나 혼자 성공하고 훌륭한 사람이 되고자 삶의 비전을 세운다면 그 사람은 그렇게 썩 훌륭한 삶이라고 볼 수 가 없습니다. 적어도 성인이라면, 적어도 성년이라면, 삶의 비전을 세운다면 그 삶은 그렇게 썩 훌륭한 삶이라고 볼 수가 없습니다. 적어도 성인이라면, 적어도 성년이라면, 삶의 비전을 사회 중심적이고 그리고 타인 중심적으로 바뀌어 있어야 합니다. 여러분, 어른과 아이의 하나의 기준점이 있다면 어린이는 주기를 싫어한다는 것입니다.

그러데 어른이 되면 어때요? 주는 것을 참 기뻐합니다. 뭔가 자꾸 사귀고 뭔가 나누어주고 그것이 어른이 갖는 하나의 공통적인 특색입니다.

여러분이 뭔가 자꾸 바꾸지 않은 마음이 있다면 여러분은 아직도 어린애입니다.

그런데 사람을 볼 때 과연 저 사람들에게 무엇을 줄까? 저 사람이 필요한 것이 무엇일까? 생각하면서 책도 선물로 주고 그 사람이 필요한 것들을 자꾸 나누어주고 좋은 말들을 해 주고 그러면서 어른이 되는 것입니다.

그런데 왜 사랑하기가 힘들고 어색하냐면 굉장히 중요한데 궁극적인 원인이 있다면 그것은 자존심 때문에 그렇습니다. 자존심이 영어로 뭐라고 그러죠? pride를 다른 말로 뭐라고 그럴까요? 교만, 자존심이 잘못되면 교만하게 됩니다. 교만한 사람들이 잘하는 것 중의 하나가 자살입니다.

미국과 일본과 스웨덴, 구라파에 있는 잘사는 사람들의 공통적인 특색이 자살의 비율이 해마다 점점 늘고 있습니다. 배고픈 사람이,

자살하는 사람들의 궁극적인 원인은 첫 번째는 경제적인 부를 들고
있습니다. 부자인 사람들, 또 하나는 이기적인 사람이 자살을 합니
다. 이웃을 위해서 사는 사람이 자살하는 경우는 거의 없습니다. 이
기적인 사람이 나만 끝나면 끝이라고 하는 아주 특수한 이기적인 사
람이 자살을 합니다.

또 하나는 사랑하는 대상이 없을 때 자살을 합니다. 여러분이 좀
커서 읽으면 좋은데 『사랑의 기술』이라는 책이 있습니다. 에리히 프
롬이 쓴 『The art of love』, 그 책을 읽어보면서 사랑이 이런 것이구
나. 저는 고등학교 방학 때 그 책을 읽으면서 사랑에 대해서 심취했
었습니다. 이렇게 사랑을 잘 정리해 놓은 것이 있구나 하고 그때부
터 프롬을 좋아하게 됐는데 에리히 프롬이 사랑의 대상을 다섯 가지
로 이야기하는데 첫 번째 사랑의 대상을 형제애로 성경에 비유하여
이야기하기를 네 이웃을 네 몸과 같이 사랑하라 이것은 형제애다 그
러면서 형제애를 brother love, 형제들을 사랑하는 것입니다.

그 사랑을 조금 넘어가서 어떤 사랑이 나오느냐면 어머니의 사랑,
모성애는 이차적인 것이고 인간적인 사람들의, 높은 곳에 있는 그 사
랑을 모성애라고 얘기하고 있습니다. 세 번째 사랑은 뭐라고 표현하고
있냐면 erotic한 사랑, 그것을 이기적인 사랑이고 더 나아가서는 독점
욕이 있는, 자기만 사랑하고자 하는 그 사랑을 erotic한 사랑이라고 이
야기합니다. 네 번째 self of love, 자기를 사랑하는 것, 자기를 사랑하
는 것을 이기주의자와 혼동하지 말아야 되는데 이기적인 사랑, 자기만
을 사랑하는 사랑을 가리켜서 독일의 캘빈은 뭐라고 이야기하느냐면
그 사랑은 pest와 같다고 합니다. 자기만을 사랑하는 그 사랑을 가지고
지금은 그 병이 없지만 pest, 그 병과 같다고 이야기하고 있습니다.

마지막으로 사랑의 대상을 프롬은 하나님의 사랑에 대해서 나옵니
다. 하나님의 사랑은, 이것은 마지막 궁극적인 사랑이고 우리가 추구
해야 할 삶의 대상으로 쓰고 있습니다.

한, 열두 살 된 어린소녀가 우리에게 들려주는 아주 귀중한 교훈이 있습니다.

목사님이 쓴 글인데 『하나님의 지하운동』이라고 하는 책이었습니다. 자기가 루마니아에서 포로, 수용됐는데 하나님 나라를 위해서 일하다가 포로가 돼서 그 감옥소에서 생활했던 일을 적은 글인데, 어느 날 자기를 잡아 고문하고 그랬던 그 대위가 어느 날 들어오게 됐습니다. 어떻게 된 거냐고 그랬더니 12살 된 꼬마가 어느 날 꽃다발을 들고 그 대위를 찾아와서 하는 말이 이것을 당신에게 드립니다. 내가 당신께 드릴 테니 당신에게 이 꽃을 갖다 주시기 바랍니다. 하고 어린소녀가 말했습니다. 그 대위는 아무 영문을 몰라서 이 꽃을 왜 나에게 주냐고, 그 나이어린 소녀가 이렇게 말합니다. 우리 아버지와 우리 어머니를 당신이 잡아서 감옥소에 데려갔습니다. 오늘이 우리 엄마 생일인데 엄마에게 이 꽃다발을 줘야 되는데 엄마가 감옥소에 있기 때문에 내가 이 꽃다발을 줄 수가 없습니다. 그래서 당신에게 드립니다. 대위가 영문을 모르고 또 물었습니다. 그런데 왜 나에게 주느냐고, 어머니가 나에게 가르쳐 주시기를 원수를 내 몸처럼 사랑하라고 하셨는데 나에게 있어서 원수는 당신입니다. 엄마가 가르쳐 주신 대로 원수인 당신에게 사랑하는 마음으로 이 꽃을 드립니다.

그 말을 듣고 대위가 너무너무 감격을 받고 너무 부끄러워 그 어린아이를 붙들고 한없이 울고 그 순간부터 예수 그리스도를 믿고, 예수님을 받아들이고 잡혀서 감옥소에 들어왔다고 합니다. 성경 고린도전서 12장 31절 마지막 끝을 보면 또한 제일 좋은 길을 너희에게 보이리라 12장 31절에 들어와 있는데 13장 처음 시작에 이렇게 시작합니다. 그러므로 내가 좋은 길을 여러분에게 보여드리겠습니다. 하면서 마지막 13절에 이렇게 말씀하고 있습니다. 그러므로 믿음, 소망과 사랑 이 세 가지는 언제까지나 남아있을 것입니다. 이 중에서 가장 위대한 것은 가장 완전한 길은 사랑의 길밖에 없습니다.

나는 주를 따르겠나이다

미국의 심리학자 중세 윌리엄 제임스라고 있는데 역사에 대해 말하기를 역사는 피의 목욕탕이라고 했습니다. 많은 사람들이 이야기하면서 여러분과 제가 꼭 감안하는 것은 인류역사상 전쟁이 끊이지 않고 계속 일어나는 것이 우리가 보고 느끼는 그런 세계입니다. 그런데 문제는 그 피가 어떤 때는 추한 피가 있습니다. 더 나아가서는 부끄러운 피가 흐르고 있고 우리 주위에 피범벅 되는 일들이 많이 있습니다. 그러나 그에 반해서 그 반대에는 거룩하고 성결한 피가 있습니다. 아주 성결하고 깨끗한 피가 있습니다. 지나간 일이지만 과학적인 근거가 있는지 없는지 모르겠습니다. 헌혈하는 사람들이 공통적으로 이야기하기를 근거가 없어서 죄송한데 예수 그리스도를 믿는 사람의 피가 굉장히 깨끗하다고 합니다. 그래서 헌혈을 받는 사람들이 크리스천의 피를 굉장히 좋아한답니다. 그런데 그럴 만한 이유도 있을 것 같습니다. 크리스천들은 대부분 술, 담배를 하지 않으니 피가 깨끗할 것이고 생각이 건전한 사람들은 피가 깨끗합니다. 그런데 생각이 불순한 사람들은 피가 탁해집니다. 그것과 연관시켜서 이론적인 것은 사랑하면 예뻐진다 하는 것도 피와 관계되는 얘기인 것 같습니다. 사랑하게 되면 피가 굉장히 맑아지고 깨끗하게 됩니다. 정화되는 것입니다. 그러나 누구를 증오하게 되면 성경에도 그런 얘기가 있지만 피를 먹지 말라고 하는 이유 중에 하나는 피에 독이 생깁니다. 화가 나고 독기가 나면 피에 독이 생깁니다. 그 피를 먹으면 사람이 미쳐 버립니다. 그래서 피를 먹지 말라고 그러는데 사람이 누구를 미워하고 증오하게 되면 피 속에 안 좋은 독소가 생기게 되어 있습니다. 제가 인상 깊게 보았던 영화 중에 하나는 '미션'입니다. 그것을 본 사람들이 많이 있을 줄 압니다. 그것을 보면서 굉장히 마음에 감동을 받았고 갈등도 생겼고 그리고 나름대로의 삶의 방향도 설정됐을 줄 압니다. 그 영화를 보면서 죽음을 무릅쓰고 순교의 현장에 들어가는, 순교의 대열에 서서 묵묵히 침묵을 지키면서 순교하는 그 장렬한 모습을 보면서 저와 여러분은 아마 크게 감동을 받았을 줄 압니다. 오늘 설교 제목처럼 '나는 주를 따르겠나이다.' 이 말은 사도의 믿음의 고백이지만 또 우리가 깊이 생각해 볼 말씀이기에 깊이 생각하고자 합니다. 사람을 사람 되게 하는 것은 사랑에 기인합니다. 사랑을 받은 사람은 정말 사람 다와 질 수가 있습니다. 그리고 인간이 되는 가장 첩경이고 확실한 문제의 Key는 사랑에 있습니다. 오늘 본문은 그것에 대해서 깊이 감춰져 있지만 겉으로는 그 말씀이 보이지 않지만, 감춰져 있는 것을 우리 함께 생각해 볼 수가 있습니다. 오늘 나온 첫 소절에 베드로의 고백이 나옵니다. 주님이 십자가 상을 앞에 놓고 이제 우리에게 알려주고 있습니다. 내가 이제 며칠 후에 사람들에게 팔리고 그리고 십자가에 못 박혀 죽을 것이라고 예언하고 있습니다. 그런데 베드로는 엄청난, 자신만만한 고백을 합니다. 내가 죽을지언정 주를 따르겠나이다. 그전에 또 하나 재미있는 말을 하고 있습니다. 모든 사람들이 다 버릴지라도 나만은 나름대로 수족처럼 생각하는 제자인 사도 베드로는 자기만은 주를 버리지 않겠다고 말합니다. 이 말을 생각하면서 우리가 잊지 말아야 될 것은 특별한 의심을 가지는 것은 안 좋다는 것입니다. 크리스천들은 먼저 믿은 사람이나 나중에 믿는 사람이나 더 나가서는 돈이 많은 사람이나 돈이 없는 사람이나 배운 사람이나 안 배운 사람이나 또한 건강한 사람이나 건강하지 못한 사람이나 크리스천들은 동등합니다. 그래서 교회 안에서는 싸울 일이 없어야 됩니다. 특별히 구분을 짓고, 또한 나름대로 하나의 직분을 맡은 것, 회장도 있고, 부회장도 있고, 총무도 있고, 기획실장도 있고, 여러 가지로 많은데, 모든 직분들, 회계며 성가대, 여러 가지 맡은 것이 다 평등합니다. 그것을 하나의 계급처럼 생각한다면 그것은 오산입니다. 뭔가 맡겨지면 더욱더 겸손해야 되고 더욱더 충직해야 됩니다. 왜냐하면 우리 기독교인들은 평등서부터 시작되기 때문입니다. 더 나아가서는 평범한 삶 속에 행복이 있습니다. 특별하게 생각하는 사람들은 자기는 보통 사람이 아니라고 생각하는 사람들은 행복한 삶을 살지 못하고 있습니다. 많은 사람들이 정말 행복한 사람들은 자기가 보통 사람이고 평범하다고 믿고 있습니다. 그러나 베드로는 아주 엄청나게 이야기를 하고 있습니다. 수제자들이 죽을지언정 모든 사람이 버릴지언정 나는 주를 따르겠나이다. 그러나 여기에 문제가 있습니다. 그 다음에 나오는 장면은 겟세마네 동산에서 예수님이 함께 기도하는 장면이 나옵니다. 그 자리에 베드로도 있었습니다. 그런데 베드로는 예수님은 이제 내일이면 십자가에 못 박혀 돌아가실 것을 생각하면서 땀이 피가 되도록 간절히 기도했는데 베드로와 야고보는 잠을 자고 말았습니다. 우리는 용기와 만용을 혼동하면 안 됩니다. 여러분 용기는 참 좋은 것입니다. 그런데 용기가 지나쳐서 만용으로 나타나는 경우가 있습니다. 그런데 만용은 잘못된 겁니다. 오늘 나오는 베드로는 만용을 부렸습니다. 좀 더 나아가서 구체적으로 자기가 예수님의 십자가를 아주 추상적으로 생각했습니다. 우리는 십자가를 바라보면서 어떠한 생각이 듭니까? 저 무서운 가시관을 쓰시고 손에 못을 박고 옆구리를 창에 찔리고 피와 물을 다 흘리면서 우리를 구원하신 예수 그리스도의 모습을 우리는 발견해야 됩니다. 그런데 우리 개신교는 이 고난을 쉽게 생각합니다. 그런데 개신교와 가톨릭의 커다란 이유는 십자가를 보면 나타납니다. 구교인 가톨릭은 십자가에 예수님이 아직도 달려 있습니다. 그리고 예수님이 십자가에 죽으심을 볼 때마다 그것을 생각하면서 성찬식을 하면서 예수님이 나를 위해서 돌아가셨다는 것을 끊임없이 주일마다 마음속에 되새깁니다. 그런데 개신교는 어느 교회를 가 봐도 십자가에 예수님이 안계십니다. 하늘나라에 계시다는 의미를 갖고 있지만 그것은 좋습니다. 그러나 그 이전에 예수님이 거기에 안 계신 그 이전에 피를 흘리면서 우리 앞에 계셨던 그리자는 뼈저리게 느껴야 됩니다. 그것을 느끼고 체험하지 않고는 부활의 그 현장에 동참할 자격이 없습니다. 그렇지 않고는 참된 그리스도인이라고 말할 수가 없습니다. 베드로는 이 고난을 무시했습니다. 베드로는 예수님이 당하는 고난을 하나의 환상적인 하나의 유도피아처럼 생각을 했습니다.

그 십자가를 바라보면서 예수님이 돌아가신다는 것을 바라보면서 엄청난 실수를 저질렀습니다. 굉장히 교만했습니다. 그런데 예수님이 그 교만을 겪으셨습니다. '닭이 울기 전에 세 번 나를 부인하리라' 예수님이 끌려가고 베드로는 한 번도 아니고 두 번도 아니고 세 번씩 예수님을 부인합니다. 전설에 의하면 베드로는 닭이 울 때마다 무릎을 꿇고 회개하고 울었다고 합니다. 그 닭이 우는 소리 때문에 밤잠을 못 자고 설친 베드로의 고백을 볼 수가 있습니다. 그런데 많은 제자들이 있었는데 그 제자들은 부인하진 않았습니다. 다 도망가고 말았습니다. 그런데 유독 나만은 주를 따르겠다던 사도 베드로는 세 번씩 주를 부인했습니다.

그의 교만은 완전히 거꾸러지고 비참해지고 처절해졌습니다. 주님이 말씀하시기를 높이고자 하는 자, 으뜸이 되고자 하는 자, 그 자는 종이 된다고 했습니다. 베드로는 아마 굉장히 자살하고 싶은 마음이 있었고 죽고 싶은 심정이었을 것입니다. 우리가 반드시 잊지 말아야 될 것은 하나님의 능력의 마지막 클라이맥스가 십자가 상에 나타납니다. 하나님의 절대적인 사랑이 십자가 안에 다 함축돼 있습니다. 우리는 계시라는 말을 영어로 Revelation 영어 성경의 요한 계시록에 Revelation이라고 나와 있는데 그 용어를 아주 적절하게 표현하면 지금은 결혼할 때 베일을 안 가리지만, 옛날에는 베일을 가렸습니다. 망사로 돼서 신부의 얼굴을 가렸는데 잊지 말아야 할 것은 신부가 혼자 벗는 것이 아니라 신랑이 베일을 벗겨야만 상대방의 얼굴을 볼 수가 있었습니다. 계시라고 하는 절대 완전의 계시가 예수 그리스도 앞에 나타났었습니다. 우리가 하나님을 본 것이 아니라 하나님이 우리에게 계시적, 예수 그리스도의 인간의 모습을 입고 있다는 것을 우리에게 보여주셨습니다. 베일의 모습을 하나님이 직접 보여주신 것입니다. 그러나 그 사랑의 십자가를 액세서리처럼 지니거나 생각하는 경우가 있습니다. 그러지 말아야 할 것은 그 십자가의 사건이 미래에 있습니다. 예수님이 오신 궁극적인 이유와 목적이 십자가를 지기 위한 것입니다. 통일교는 예수 그리스도가 십자가에서 실패했다고 이야기하고 있습니다. 그러나 예수님의 궁극적인 이유와 목적은 십자가를 지기 위해서 오셨습니다. 제가 존경하는 앨버트 슈바이처 박사는 엄격히 말하면 그는 불교신자이고 크리스천이 아니라고 말합니다.

그는 실패된 종말론, 다시 말씀드리면 예수 그리스도가 십자가 상에서 구원을 완성한 것이 아니라 실패했다고 합니다. 그런데 우리는 기독교를 어디에 기준을 두느냐 하면 역사의 분수령인 십자가 사건에 둬야 됩니다. 좀 더 큰 배는 민족의 배를 타고 같이 가고 있습니다. 더 큰 배는 세계를 한 배라고 생각하면 됩니다. 좀 더 시야를 높여서 지구라고 하는 배를 타고 우주여행을 하고 있습니다. 커다란 지구가 우주라는 공간을 돌면서 하루하루를 여행하는 것입니다.

언젠가는 이 지구가 멎을 것입니다. 그리고 언젠가는 이 땅의 마지막이 올 것입니다.

　역사적 종말의식을 가지고 볼 때 역사의 전환점이 있었습니다.

　역사에는 Turning Point가 있었는데 예수님이 2천 년 전에 십자가에 달려 돌아가신 것입니다. 그 십자가 상에서 역사의 전환점이, 우리가 아는 AD와 BC가 그것이 하나의 클라이맥스로 예수님이 태어나면서 AD와 BC가 가려지지만 그것이 하나의 사건화되고 역사화되고 힘이 하나가 되어 마음속에 와 닿는 것은 십자가의 사건에서 시작이 됩니다. 자, 그렇다면 이 십자가를 바라보면서 그냥 볼 것이 아니라 역사의 핵심을 찌르고 있는 예수님을 바라보면서 우리의 삶의 정체를 그곳에서 발견하고 깨달아야 될 줄로 압니다. 2500년 전에 쓰여서 지금까지 읽혀진 책 중의 하나가 손자병법이라는 책이 있습니다. 손자병법의 마지막 용강 편 끝에 보면 지피지기면 백전불퇴, 적을 알고 나를 알면 백 번 싸워서 백 번 패하지 않는 다는 말입니다. 그런데 베드로는 적을 몰랐습니다. 앞에 오는 십자가의 궁극적인 의미를 몰랐고 또 하나 모르는 게 있다면 자기를 몰랐습니다. 적을 알고 나를 몰랐기 때문에 베드로는 싸워보나마나 지고 말았습니다. 전쟁에 대한 이야기가 많이 나오는데 요즘 전쟁은 정보전입니다. 대표적인 얘기가 걸프전입니다. 걸프전을 보면서 정말 놀라왔습니다. 그 정보관이나 첨단과학을 보면서 우리 인간이 생각하기 힘든 엄청난 지능과 과학문명이 이렇게까지 갈 줄은 몰랐습니다. 어떤 사람은 뉴스를 보면서 굉장히 스릴을 느끼는 사람이 있었습니다. 현대판 영화처럼 그 전쟁 장면이 안방에 계속 나오는 것을 바라보면서 스릴을 느끼는 사람이 있었는데 정말 저는 무서웠습니다. 미국이 이길 수밖에 없었던 것은 적을 알고 싸웠기 때문입니다. 그러나 후세인은 자기도 몰랐고 적도 몰랐습니다. 더욱더 자기 됨을 전혀 모르고 가치판단을 하고 엉뚱한 일을 저지르고 말았습니다. 우리 주위에 자기를 모르고 사는 사람이 참 많이 있습니다. 내가 누구인지 내가 어떠한 사람인지 역사의 현장에서 어디로 가고 있는지 모르고 우왕좌왕하는 사람이 많이 있습니다.

여러분 누군가를 사랑한다고 하는 것은 내 힘으로 할 수가 없습니다. 주 되신 그분이 나를 사랑하고 그분이 나를 감동하셔야만 누군가를 사랑할 수 있습니다. 결혼한 사람들이 부부로 사랑한다는 것도 인간적인 사랑으로 시작한다면 그 사랑은 얼마 못가서 깨어지고 말 것입니다. 그러나 주 되신 그리스도를 바라보면서 그분에 반사된 사랑을 가지면 서로를 사랑할 수 있습니다.

베드로는 그 사실을 몰랐습니다. 나는 죽을지언정 주를 따르겠습니다.

이것은 굉장히 자기 신념이 들어 있고, 자기 의지가 들어 있습니다.

그러나 그의 의지와 각오가 며칠 못 가서 거짓됐다고 하는 것을 스스로 시인했습니다.

아직도 나를 믿는다면 아직도 내 의지를 믿는다면 여러분은 또 한 번 실패하고 맙니다. 베드로는 이 사실을 몰랐습니다. 기도하는 시간에 예수님은 십자가를 놓고 밤새도록 기도했는데 베드로는 기도하지 못했습니다. 여러분이 기도하지 않고 편안히 봉사하는 사람은 진정한 봉사가 될 수 없습니다. 기도하지 않고 팔을 뻗고 휘두르는 그 용기는 만용일 수 있습니다. 기도하지 않고 하는 사랑은 이기적인 사랑으로 빠질 수밖에 없습니다.

기도하지 않고 하는 일은 처음엔 잘되는 것 같지만 궁극적으로 마지막엔 실패하게 됩니다. 기도하지 않고 하루를 시작하는 그 삶은 거짓된 하루를 사는 것입니다. 무엇을 하든지 처음에는 기도로 시작해야 합니다. 예수님은 스스로 하나님의 아들인 그분까지도 십자가를 앞에 놓고 밤새도록 기도하셨습니다. 41절로 넘어가면서 마지막에 기도하면서 '일어나라 함께 가자' 간절하게 십자가를 맞이하는 예수님을 볼 수가 있습니다.

어떤 영화에 아주 엄청난 장면이 하나 나옵니다. 두 집단이 하도 싸우니까 우리 싸우지 맙시다 하고 결단식을 하는 게 어떠냐고 커다란 잔에다가 피를 다 섞어가지고 두 사람의 피를 돌려가면서 마십니다. 그러면서 하는 말이 이제 우리는 피와 피를 나누었기 때문에 싸우지 말자 하면서 거창하게 아주 세상적으로 보면 엄청난 파티를 열게 됩니다. 그러나 그 파티 시음 후에 그들은 또 싸워서 죽게 됩니다. 우리가 아무리 피로 나눈 언약일지라도 그곳에 그리스도의 참된 사랑이 없었다면 그 언약과 그 사랑은 거짓된 사랑일 수밖에 없고 나 중심의 사랑일 수밖에 없습니다.

이제 우리는 마지막 정리를 해야 합니다.

나는 혼자 할 수 없습니다. 그리스도와 내가 함께할 때 나는 이제 무엇이든지 할 수 있습니다. 베드로의 고백처럼 이제 우리가 그러한 고백을 하는 궁극적인 마음속에는 예수님이 베드로에게 나타나서 하시는 그 귀한 말씀을 새겨들어야 됩니다. 세 번이나 부인한 그 베드로에게 찾아가서 예수님은 아주 심각하게 묻습니다.

네가 나를 사랑하느냐고, 제가 예수님이었다면 가서 한마디 했을 것 같습니다. 베드로한테 네가 그렇게 죽을지언정 나를 따르겠다고 하던 네가 세 번씩 나를 부인하고도 할 말이 있겠느냐고 혼내 줬을 것 같습니다.

그런데 예수님은 그러한 구체적인 얘기는 하지 않고 네가 나를 사랑하느냐고 또 묻습니다. 많은 사회적인 문제가 있고 전쟁이 있고 가정에 싸움이 있고 불안한 궁극적인 원인이 있다면 그것은 진정한 사랑이 없기 때문입니다. 왜 우리의 마음이 공허하고 왜 우리의 마음에 기쁨이 없냐하면 진정 사랑하는 사랑이 우리 마음에 없기 때문입니다.

산소 같은 사람

몇 년 전에 광고 카피 문구 중에 생각나는 문구가 있습니다.

그것은 어떤 멋있는 여인이 등장하면서 '산소 같은 여자'라고 하는 카피 문구가 나옵니다. 그 문구를 보는 여성들도 의아해했고 남성 또한 오염되고 살기 힘든 이러한 사회 속에 산소 같은 여자가 어떤 여자일까 이렇게 고민을 했고 저 자신도 굉장히 호기심이 생겼습니다. 과연 산소 같은 사람은 어떤 사람일까. 곰곰이 생각하다가 저 나름대로 세운 하나의 교훈이 있었습니다. 그것은 산소 같은 사람은 편안한 사람이고 남에게 무언가 기쁨과 소망과 아주 새로움을 전해 주는 사람이 산소 같은 사람이라고 그렇게 정의했습니다.

그 반면에 산소 반대의 이산화탄소 같은 사람이 있습니다. 그 사람하고만 있으면 5분만 있어도 1시간 있는 것 같고, 마음이 편하다가도 그 사람만 나타나면 소화가 안 되고 그 사람하고만 있으면 뭔가 짜증나고 신경질이 나는 그런 사람이 있습니다. 가정에 아버지가 짜증나고 신경질이 나는 그런 사람이 있습니다. 가정에 아버지가 들어오는 순간 가정이 화목해지고 생기가 돌고 기쁨이 넘치는 그러한 아버지가 있는 반면에 아주 평화롭고 기쁨이 있고 웃음이 있다가도 아버지가 들어오는 순간 찬바람이 불고 가정이 싸늘해지는 그런 집안이 있습니다. 그 엄마만 나타나면 아이들이 공부를 하던 것도 내

팽개치고 집을 나가버리게 하는 그런 엄마들이 있습니다.

이제 스스로 솔직하게 자문해 보십시오. 산소 같은 사람입니까 아니면 이산화탄소 같은 사람이 입니까? 제가 근무하는 학교에서도 이산화탄소 같은 사람이 있습니다. 그래서 공부를 하다가도 그 사람이 나타나고 그 사람하고 있으면 가슴이 답답해지고 방금 먹었던 커피를 또다시 한 잔 뽑아서 먹고 그래야지만 가슴이 진정되는 그러한 사람들이 어느 곳에나 있습니다. 여러분 교회도 마찬가지입니다. 산소 같은 교회는 교인들이 그 교회를 와서 기뻐하고 즐거워하고 그 교회를 떠날 줄을 모릅니다. 일주일 내내 교회에서 지내는 것이 기쁨이 될 수도 있는 반면에 이산화탄소 같은 교회는 아무리 오라고 해도 가기가 싫습니다. 교회를 갖다가도 오히려 화가 나서 올 때도 있고 스트레스 받아서 올 때도 있고 교회에 가서 뭔가 사랑이 넘치고 기쁨이 넘치고 뭔가 마음이 편안한 상태로 하나님이 주시는 위로와 사랑으로 가득히 기쁨을 가지고 교회를 떠나야 될 텐데, 그렇지 못한 교회는 이산화탄소 같은 교회입니다. 죄송한 얘기지만 많은 교회들이 이산화탄소 같은 역할을 많이 합니다. 교인들은 산소 같다고 말할지 모르지만 지역주민들이 볼 때는 '저 교회만 없으면 우리 집 시세도 올라가고 우리 지역이 조용해지겠고 참 평안하겠다.'라고 이렇게 안 좋게 보는 시각들로 인해 여러 곳에서 진정서도 나오고 있습니다.

그리스도인은 가는 곳마다 기쁨이 넘쳐야 되겠고 그리스도는 아무리 불화가 있고 어둠이 있고 싸움이 있는 곳이라도 그 사람만 들어가면 평화가 넘치고 기쁨이 넘치고 소금과 같이 누룩과 같이 그러한 역할을 하는 그러한 그리스도인만이 진정하고 참된 그리스도인이라고 생각을 합니다. 사랑의 사도인 사도 요한은 '하나님은 사랑입니다'라고 결론적으로 이야기를 했습니다. 굉장히 위대한 고백이고 하나님께 초점을 맞춘 신앙고백이라고 그렇게 믿습니다. 그러면서 이렇게 말합니다. 하나님을 알지 못하는 자는 곧 사랑하지 아니한 자이며 그러한 자는 하나님을 알지 못한다고 역설적으로 이야기를 전개하고 있습니다. 사랑의 눈으로 보면 모든 것들이 아름다워 보이고 모든 것이 사랑스러워 보입니다. 아침에 기분이 좋아서 문 밖의 하늘을 볼 때 어떻게 보입니까? 뭔가 신성해 보이고 모든 만물이 나를 위해서 존재하는 것 같고 만나는 사람들이 웃는 것도 나를 기뻐해서 웃는 것 같고 참 즐겁게만 보입니다. 그런데 기분이 나빠서 길을 가다가 사람이 나를 보고 웃고 찡그리면 저 사람이 기분이 나빠서 그런가, 서로 역한 감정을 내고 반응하는 모습을 보게 됩니다. 우리의 삶은 어떻습니까. 예수님의 순수한 사랑, 예수님의 깨끗한 신앙, 좀 투명한 그러한 신앙을 가진 자만이 진정 투명한 자아를 가질 수 있습니다. 이 자아라는 말은 자기 마음속에 있는 자기가 누구인가를 알려주는 자기의 거울입니다. 그런데 영어로는 그 인격이라는 말을 'Personality'라고 얘기합니다. 그 뜻은 '가면'이라는 뜻이며 가면이라는 것은 좋은 것이 아닙니다. 그런데 우리는 여러 가지의 가면을 쓰고 있습니다. 지금 교회에 와 있는 이 순간에도 우리는 또 다른 가면을 쓰고 있습니다. 하얀 가면을 쓰고 있을 수도 있을 것이고 교회 밖으로 나가면 또 다른 가면이 있습니다. 검은 가면일 수도 있겠고 빨간 가면일 수도 있겠고 노란 가면일 수도 있을 것입니다. 집에 가서는 또 모습이 바뀝니다. 그래서 많은 사람들이 보통 서너 개의 가면을 어떤 사람은 수없이 많은 가면을 가지고 살면서 사람을 만날 때마다 모습이 바뀝니다. 스트레스를 도저히 견디다 못 해서 많은 사람들이 일찍 죽는 이유 중에 하나가 많은 가면을 가진 이유입니다. 과로해서 죽었다는 이유도 있습니다. 과로한 사람 다 죽으면 이 나라 절반은 죽어야 될 것입니다. 그러나 가장 사람이 빨리 사망하는 이유 중에 하나는 여러 가지 가면을 사용했기 때문에 사람이 일찍 죽습니다. 오래 살고 싶으면 좀 투명해야 합니다. 집에서의 모습과 교회에서의 모습과 직장에서의 모습이 일치성을 갖고 투명할 때 그 사람이 진정 건강하게 살고 진정 그 사람을 우리는 그리스도인이라고 칭할 수가 있습니다. 그런데 많은 사람이 교회에서의 모습처럼 살지 않거든요? 많은 사람들이 세상에 나가서는 세상 사람과 다를 바가 없이 똑같이 행동합니다. 더 지나치게도 행동합니다. 많은 사람들은 그래서 그리스도인들을 욕하고 그리스도인들에 대해서 좋은 감정을 갖고 있지 않습니다. 한 선지자는 그래서 이렇게 말합니다. 하나님을 알지 못했기 때문에 그랬다고. 힘써 여호와를 알고 또 알고 또 알아 가라고 말한 이유 중에 하나는 하나님은 사랑이시기 때문에 그렇습니다.

사람들이 왜 자꾸 교만합니까? 현대인들처럼 이렇게 교만하고 이렇게 지나칠 정도로 자기 이기주의적이고 개인주의적인 그러한 시대는 없었다고 평가가 됩니다. 지나칠 정도로 교회 안에서까지 이기주의와 개인주의가 팽배해 있습니다. 그리스도인끼리도 한번 등을 돌리면 죽을 때까지 천국은 가겠지만 천국에 갈 때까지 등을 돌리는 사람들이 참 주위에 많습니다. 예수 이름으로 화해해야 되고 예수 이름으로 하나가 되어야 할 텐데. 우리가 얼굴 표정도 별로 밝지도 않고 뭔가 고민이 되고 왜 많이 아픔이 있냐면 우리는 먹어야 될 것을 못 먹었기 때문에 그렇습니다. 현대의 많은 사람은 아침을 안 먹었습니다. 그러나 아침을 안 먹었다는 그 이유 하나만으로 우리가 이렇게 고민이 있고 아픔이 있는 것은 아닙니다. 문제는 사랑을 못 먹었기 때문입니다. 동물들은 먹을 것만 주면 그냥 행복합니다. 돼지들은 내일 아침에 자기가 어디론가 팔려간다 할지라도 자기의 생명이 끝난다 할지라도 오늘 저녁에 먹을 것만 실컷 주면 실컷 먹고 아주 행복의 극치를 가지고 편안해하면서 잠꼬대까지 합니다. 동물들은 먹을 것만 주면 그냥 편안해합니다. 그러나 사람은 먹을 것만 가지고는 행복할 수가 없습니다. 진정 하나님을 알고 진정 하나님의 주신 그 사랑을 알고 나서야만 자기의 본래의 모습, 자기의 그 본질성, 자기의 알파 포인트를 분명히 알 수가 있습니다. 자기의 본 해성, 알파 포인트를 알고 그리고 마지막 종착역인 오메가 포인트를 알 때 바로 인생이 이런 것이구나, 이것이 삶이고 이것이 신앙이고 이것이 내가 가야 할 길이구나 하고 꾸준히 자기의 길을 향하여 갈 수가 있습니다. 많은 철학자들이 오래전부터 이렇게 질문했습니다. 태양은 어떻고 우주가 어떻고 우주만물의 형성은 어떻고 지구가 도느니 안 도느니 한참 얘기할 때, 멋있는 철학자인 소크라테스는 명언을 이야기했습니다.

태양은 몰라도 되고 지구가 왜 도는지 몰라도 되고 많은 것 몰라도 되지만 "너 자신을 알라"고 이야기했습니다. 여러분, 어떤 사람들은 자기를 안보고 엉뚱하게 다른 사람을 향하여 계속적으로 관심을 갖는 사람이 있습니다. 다른 사람이 어떻게 살아갔고 다른 사람이 무엇을 입었고 다른 사람의 직장이 어떻고 아주 다른 사람들에 대해서는 엄청난 많은 정보를 가지고 있습니다. 그런데 이 시간 조용히 생각해 보십시오. 우리 자신은 누구입니까? 어디서 왔고 어디로 가고 있습니까. 'Originally' 본질성이 무엇인지를 깊이 생각해 보십시오. 이대로 이 생명 끝난다면 어떻겠습니까? 하나님의 나라에 갈 수 있겠습니까? 이대로 이 생명 끝난다면 혹시 당신 때문에 기뻐할 사람이 있겠습니까? 저는 죽음을 생각할 때마다 오래전에 있었던 그 장면이 계속 떠오릅니다. 대학교 1학년 때로 기억이 되는데 연세대학교 총장으로 있었던 백락준 박사님이 돌아가셨습니다. 그분은 제가 평소에 존경했고 그분의 삶에 대해서 개인적으로 좋아하는 바가 많이 있었기 때문에 그 장소를 찾아갔습니다. 그분은 저를 본 적도 없고, 만난 적도 없고, 김성철이란 이름은 들어본 적도 없는 사람입니다. 그러나 저는 그분을 익히 존경해 왔던 터에 돌아가셨다는 이야기를 듣고 연세대학교 강당으로 장례식을 치르는 곳에 갔습니다. 겨울이었는데 진눈깨비가 내리는 때였습니다. 들어가는 순간 굉장히 가

슴 벅찬 장면들에 깜짝 놀랐습니다. 그 이른 아침에(연세대 강당에
꽤 많은 사람이 들어가는데) 발 디딜 틈이 없을 정도로 연세대 강당
은 가득 차 있었습니다. 삼부요인을 비롯해서 많은 사람들이 그분의
돌아가심을 함께 애도하는 모습을 보면서 굉장히 가슴 깊은 뜨거움
이 있었습니다. 돌아오면서 이렇게 생각했습니다. '내가 지금 죽는다
면 과연 나를 위해 올 사람은 몇 명일 것인가?' 하고 생각해 봤습니
다. 그랬더니 고등학교 친한 친구들 네 명이 올 것이고 대학교 친구
들이 세 명 정도 올 것이며 집에서는 외아들이 죽었다고 올 것이고
친지들이 몇 명 올 것이라고 생각하니까 불과 한 20명도 안 됩니다.
굉장히 큰 충격이었습니다. 그리고 생각해 봤더니 제가 죽었다고 좋
아할 사람도 있겠더라고요. 왜냐하면 저하고 싸운 사람들이 있거든
요. 그래서 이렇게 산다는 건 인생이 이렇게 끝난다면 비참하겠구나
생각하면서 삶을 바꿨습니다. 이제 이 시간 이후부터는 누구와도 싸
우지 않고 살리라. 싸웠다 하더라도 빨리 화해하고 기쁨을 가지고 그
사람과 사귀며 살아야지 그 사람과 화해하지 않고 그대로 끝난다면
내가 죽어서 그 사람이 참 잘 죽었다고 손뼉 친다든지 그러면 얼마
나 비참하겠습니까. 그 이후부터 제가 삶을 바꾸기 시작했습니다.

　그리고 스스로 자칭 호를 붙이기를 '평화'라고 그래서 학교에서
사인할 때도 'Peace' 평화라는 말을 계속 썼습니다. 그렇게 산 지가
벌써 10년이 지났습니다. 그리고 한 몇 년 전에, 내가 죽으면 내 죽
음을 함께 애도할 사람이 몇 명일까 하고 제가 가지고 있는 전자수
첩을 펴서 저에게 입력되어 있는, 제가 꼭 필요한 사람이 입력되어
있는 것을 둘러봤더니 775명이었습니다. 지금은 천 명에 이르는 것
같습니다. 적어도 '내가 이런 어려움이 있습니다. 내가 이런 힘든 일
이 있습니다.' 그럴 때 함께 위로해 주고 슬픔을 나눌 수 있는 많은
사람들이 있어야 합니다. 당신은 몇 명의 친구들과 몇 명의 동기들
을 가지고 있습니까? 하나님의 나라에 들어가는 날까지 참 외롭고

쓸쓸한 사투입니다. 그때마다 여러분을 위해 기도해 주는 많은 동기들이 있어야 되겠고 많은 동지들이 있어야 합니다.

왜 우리 그리스도인들이 싸움을 그치지 않고 계속적으로 싸우면서 살아갑니까? 그것은 미래에 대해 확신이 없기 때문에 그렇습니다. 사랑하는 것은 미래를 준비하는 것입니다. 사랑하는 것은 미래의 자기의 삶을 기획하는 것이고 자기의 삶을 이루어 나가는 것입니다. 우리는 하나님의 거룩한 사랑을 받았습니다. 하나님의 거룩한 사랑을 받은 그 힘으로만이 우리는 그 누군가를 사랑할 수 있고, 누군가를 위로할 수 있고, 누군가를 위해서 헌신할 수 있습니다.

예수 그리스도의 십자가의 사건, 미래를 바라보는 Vision을 갖고 있을 때 우리에게서 굉장히 큰 에너지가 나오기 시작합니다. 저는 다른 나라를 여러 군데 가 봤지만 미국에는 못 가 봤습니다. 미국에 가 보신 분들은 아마 그곳의 나이야가라 폭포를 보신 분들이 있을 것입니다. 미국과 캐나다를 경계로 하고 있는 나이야가라 폭포에는 아주 멋진 구름다리가 있습니다. 그 구름기둥은 도저히 사람이 올라가서 만들 수 없는 위치에 장착되어 있습니다. 그것을 만들 때 이렇게 만들었다고 합니다. 사람이 도저히 올라갈 수 없기 때문에 잘 훈련된 매 한 마리의 다리에 실을 맸습니다. 그리고 미국과 캐나다를 연결시키는 경계선에 있는 가장 높은 봉우리로 날려 보냈습니다. 그 실 하나로 봉우리와 봉우리의 사이를 다 연결했습니다. 그 실에다 조금 두꺼운 코일을 하나 매서 잡아당기면 코일이 하나 연결됐습니다. 그 철사 줄에는 로프를 매었고 로프를 잡아당기니까 로프가 연결되었고 마지막으로 쇠줄을 매서 잡아당겼습니다. 쇠줄이 연결된 다음부터 사람이 와서 구름다리를 만들기 시작했습니다. 구름다리 하나를 만들기 위해 디자이너가 저렇게 만들어야겠구나 하고 'Design'을 갖고 계속적인 Vision을 가지며 끊임없이 노력한 끝에 아름다운 구름다리를 만들었습니다. 어느 날 갑자기 그냥 요술 방망이처럼 철커덕 하면서 나오는 그런 신앙인들은 없습니다. 아침에 100원짜리 동전을 넣고 커피 자판기를 누르면 커피 잔이 나오듯이 그러한 신앙인들의 복제단은 없습니다.

많은 사람들이 솔매가 하나의 실을 갖고 나가는 것을 보고 웃었을 것입니다. 저 조그만 매가 무슨 다리를 만들 것인가라고 비웃었을 것입니다. 그러나 아니었습니다. 그 실 한 줄이 지금의 다리를 만들었습니다. 우리는 많은 사람들이 내가 지금 무엇이 없어서 못 하고 지금 시간이 없어서 못 하고 지금은 재능이 없어서 못 하고 모든 것을 못 한다고 생각합니다. 나는 저 사람을 도저히 사랑할 수 없노라고 그렇게 장담하고 그렇게 결론을 내렸다면 도저히 사랑할 수 없을 것입니다. 그러나 저 사람을 사랑해야 한다고 하는 노력과 이해와 자기의 솟는 정열을 갖고 접근한다면 우리는 그 누구나 사랑할 수밖에 없습니다. 그것이 그리스도인의 사랑이고 그것이 예수 그리스도의 십자가의 사랑입니다. 예수님이 십자가 상에 달려 돌아가시면서 '다 이루었다'라고 하시는 그 말씀은 엄청난 의미와 신비한 뜻을 가지고 있습니다. 그 장면에 뭐라고 말씀하십니까. "아버지여! 저들이 알지 못하기 때문입니다." 저들이 하나님 대신 예수 그리스도에게 못을 박고 엄청난 죄악을 저질렀습니다. 사랑을 못하는 가장 궁극적인 이유가 있다면 그것은 하나님을 온전히 모르기 때문에 그렇습니다. 누구를 아직도 미워하고 누구를 아직도 시기하고 누구를 아직도 증오하고 있다면 그것은 하나님을 온전히 모르기 때문에 그렇습니다. 누구를 아직도 미워하고 누구를 아직도 시기하고 누구를 아직도 증오하고 있다면 내 마음속의 충만한 사랑이 아직도 부족하기 때문에 그렇습니다. 문제는 여러분의 의식 전환입니다. 전 학교에서 그러한 이야기를 하면서 서두를 항상 꺼냅니다. 학교의 언덕을 올라올 때 어떠한 마음으로 올라오셨습니까? 또 대문을 나설 때 어떤 마음으로 나섭니까? 그렇게 묻습니다. 이 시간 곰곰이 솔직하게 투명하게 아주 깨끗한 마음으로 한번 질문해 보십시오. 대문을 나설 때면 기도하고 나오는 사람도 꽤 있겠지만 많은 사람들은 굉장히 소극적인 마음을 가지고 나옵니다. 주일인데 또 나가야 되는가? 항상 만나는 사람 만나서 일할 텐데 이게 힘든 일이 아닌가 짜증낼 수도 있습니다. 그러나 중요한 마음은 문을 나서는 그 마음, 눈을 뜨는 그 순간입니다. 그 순간부터 우리는 생각해야 될 것이 있습니다. 제가 뭐 엄청난 애국자는 아니지만 아침도 눈을 뜨고 일어나면 오늘도 조국과 민족을 위해서 그리고 하나님의 나라를 위해서 내가 무엇을 할 것인가. 오늘 하루가 나의 삶의 마지막이라고 한다면 내가 어떻게 지낼 것인가 하는 생각을 합니다. 제가 근무하는 사무실의 문을 열고 들어가면 정면으로 이렇게 쓰여 있습니다. '오늘이 당신의 처음이자 마지막이라고 생각하십시오.' 그런 문구를 보이는 곳곳마다 붙여 놓았습니다. 결혼하신 분들은 자녀들이 집을 나설 때 어떤 말씀을 하십니까? 공부 잘하고, 싸우지 말고, 선생님 말씀 잘 들으라고 말씀하십니다. 이렇게 한번 바꿔 보시면 어떻습니까? 나가는 자녀를 가슴에 꼭 안고 오늘도 조국과 민족을 위하고 그리고 하나님의 나라를 위해서 열심히 일하고 오라고 등을 두들겨 주고 내보내 보십시오. 그러면 아이가 나가다가도 친구들이 시비를 걸며 때릴 수도 있습니다. 그때 어머니의 말씀이 들립니다. 조국과 민족을 위하고 하나님의 나라를 위해서 일하라고 해서인지 이러한 사소한 것으로 아이는 싸우지 않습니다. 아무리 시비를 걸고 아무리 길이 막히고 아무리 자기의 가정형편이 어렵고 힘들다 할지라도 그의 가치관은 조국과 민족과 하나님의 나라라고 하는 것으로 의식화되어 있습니다. 직장을 떠나시는 남편을 어떻게 보내십니까. 남편에게 그냥 잘 가라고 손만 흔들게 됩니까 아니면 본체만체하십니까? 떠나는 남편을 위해서 이렇게 이야기해 보십시오. '당신이 오늘 나가서 정말 조국의 일꾼으로 열심히 일을 할 텐데 그것이 곧 하나님의 나라를 위하는 것이고 그것이 이 나라의 큰 기둥이 되는 것입니다.'라고 격려를 해 주면 남편은 그 말을 듣고 떠나면서 차가 막히더라고 내가 조국과 민족을 위한 몸인데 뭐 서두를 것은 없고 짜증이 나고 돈을 적게 벌 더라도 윗사람에게 싫은 소리를 듣는다 할지라도 조국과 민족과 하나님의 나라를 위해 일한다는 마음으로 가득 채워져 있을 때에는 두려울 것이 없고 무서울 것이 없습니다. 그냥 공부 잘하라며 보낸 아이는 공부 잘해도 뭐 특별한 것 없고 선생님 말씀 잘 들으라고 했는데 듣지도 않고 친구들과 싸우지 말라고 했는데 친구들은 계속 귀찮게 굴면서 스스로 굉장히 스트레스를 받습니다. 그리고 조그만 공간에 30 내지 40명을 콘크리트문화에 탁 집어넣은 순간 그 아이들은 그 열이 어디로 솟구치겠습니까. 그 엄청난 스트레스와 열이 친구에게 확산되고 자기에게 확산되고 선생님에게 나가면서 폭행이 일어나지 않을 수가 없습니다. 아무리 교실을 바꾸고 아무리 경찰을 배치하고 아무리 엄격한 규율을 한다 할지라도 그것은 가치관이 바뀌지 않는 한 바뀔 수 없습니다. 진정 그리스도인이 되기 위해서는 교회를 바꾸고 교회를 아름답게 꾸미고 여러 가지 모습도 많이 있겠지만 중요한 것은 우리의 의식구조입니다. 생각이 바뀌지 않는 우리의 삶은 바뀔 수 없습니다. 생각이 바뀌지 않는 한 우리의 행동은 도저히 변화될 수 없습니다.

하루 종일 지내면서 스스로에게 '나는 그리스도인이다. 나는 하나님의 사람이요. 나는 진정 하나님 안에서 온전히 살아야 된다.'고 하는 의식을 끊임없이 말씀과 함께 기도와 함께 계속적으로 해야 됩니다. 아이들에게 어떤 것을 심어 주는지 모르지만 오늘의 제가 7개월째 되는 아이에게 해 주는 것이 있습니다. 그 아이가 태어나 얼마 안 되었을 때부터 그 아이를 잠재울 때마다 애국가를 부릅니다. 애국가를 불러 주면 아이가 짜증내고 신경질 내다가도 서서히 잠이 듭니다. 그리고 모빌 옆에다가 태극기를 걸어놨습니다. 태어나는 순간부터 어떤 의도로 보실지 모르지만 물론 하나님의 말씀도 가르치지만 7개월이 된 다음에는 태극기를 보면 매우 좋아합니다. 모빌과 장난감을 보는 것보다 거실에 나와 태극기를 보는 것을 아기는 더 좋아합니다. 환호성을 지를 정도로 좋아하고 장난을 치더라도 애국가를 불러 주면 조용합니다. 참 신기합니다. 또 마음속에 이렇게 얘기합니다. 너는 조국과 민족과 또 하나님의 나라를 위해서 살아야 한다. 그리고 아기를 부를 때마다 겨레라고 부릅니다. 그것은 제가 개인적인 이야기를 한 것 같지만, 자녀에게나 우리가 만나는 사람들을 대할 때 스스로에게 어떤 마음을 심어주십니까?

종교개혁가인 러셀이라는 사람은 이렇게도 얘기합니다. "사람은 자기 자신과 평화롭지 않을 때 다른 사람과 평화로울 수가 없다." 하고 전제합니다. 저는 거기에 덧붙여서 이렇게 말하고 싶습니다. 하나님과 평화롭지 못하고 자기 스스로가 평화롭지 못한 사람은 그 누구와도 행복하고 사랑스럽고 평안하게 지낼 수가 없습니다. 문제는 자기 자신이었습니다. 내 자신이 가치관과 온전한 그리스도인으로서 성장되어 있을 때 그때 우리는 '진정 이것이 그리스도인이다'라고 합니다. 이것이 진정 나의 길이요, 나의 삶이구나. 그렇게 마음을 가질 것입니다. 우리의 마음속에서는 어떤 꿈을 이루고 싶은지 계획되어 있을 것입니다. 아름답고 예쁜 꿈을 가지신 분도 있고, 아직도 꿈이 없으신 분도 있습니다. 그러나 문제는 그 사람을 그 사람답게 만드는 결정적인 요인은 그것은 그 사람의 마음속에 있는 꿈입니다. 하지만 꿈을 어떤 식으로 승화시키고 어떤 식으로 실천해야 하는가 하면 하나님의 사랑으로 '내가 너희를 사랑한 것처럼' 주님은 바로 그 단서를 붙였습니다. 내가 십자가 상에서 구속의 역사로 너를 사랑한 것처럼 너희도 사랑하라고 말씀하고 계십니다.

· 저자 ·

김성철   · 약 력 ·

서울신학대학교 사회복지학과 졸업
서울신학대학교 대학원 신학석사학위(Master of Divinity)
중앙대학교 대학원 사회복지학과 석사
숭실대학교 대학원 사회복지학과 박사
인천대학교 대학원 경영학과 박사과정 수료

－ 그리스도대학교, 서울신학대학교, 성결대학교, 수원여자대학, 숭실대학교,
  한영신학대학교, 장로회신학대학원, 수원대대학원, 인천대대학원 등에서
  강의
－ 부천종합사회복지관
  연수구노인복지관 관장
  인천광역시 노인종합사회복지관협회장 역임

현재) 평화사회복지연구소 대표
      인천광역시 사회복지정책 부위원장
      경영혁신원 책임연구원
      성산효대학원 사회복지학과 주임교수
      성산종합사회복지관장

· 주요논저 ·

『A study about church social work through special mission』
『NGO & Diakonia of Church』
『A study altruism of R. M. Titmuss, Diakonia』
『지역사회조직을 통한 교회사회봉사에 관한 연구』
『복지자원체계의 통합 Network의 이론과 고찰』
『고령사회 Network의 NPO와 NGO의 자원체계』
『이타주의가 사회복지 사상에 끼치는 영향에 관한 연구』
『교회와 사회교육에 대한 새로운 이해』
『IMF 경제위기와 교회의 역할과 책임』
『희년과 토지에 관한 소고』
『NGO 입장에서 본 교회의 사회참여에 관한 연구』
『교회사회복지실천론에 관한 연구』
『교회사회사업』
『사회복지적 리더십』
『사회복지의 역사』
『사회복지 역사의 의미』
『나눔과 섬김의 교회』
『만남의 의미』
『미래사회와 인간』
『시민사회와 종교사회복지』
『교회사회복지실천론』
『NGO와 리더십』
외 다수

나눔과 섬김의 복지

• 초판 인쇄	2007년 9월 10일
• 초판 발행	2007년 9월 10일
• 지 은 이	김성철
• 펴 낸 이	채종준
• 펴 낸 곳	한국학술정보㈜
	경기도 파주시 교하읍 문발리 526-2
	파주출판문화정보산업단지
	전화 031) 908-3181(대표) · 팩스 031) 908-3189
	홈페이지 http://www.kstudy.com
	e-mail(출판사업부) publish@kstudy.com
• 등 록	제일산-115호(2000. 6. 19)
• 가 격	11,000원

ISBN   978-89-534-7515-1 93330 (Paper Book)
        978-89-534-7516-8 98330 (e-Book)